Erfolgreich
Kinderbücher
schreiben

Von der Idee
bis zum gedruckten Buch

moses.

Bevor es los geht …

Was Ihnen die Lektorinnen zu diesem Buch noch sagen wollten …

Liebe Leserin, lieber Leser!

Geschichten schreiben ist nicht schwer,
Autor werden um so mehr!

„In dir muss brennen, was du in anderen entzünden willst."
(Aurelius)

Stellen Sie sich doch kurz einmal folgendes Szenario vor:

Sie sind Lektorin eines Kinderbuchverlages und verantwortlich für das Buchprogramm. Ständige Kontakte zu Autoren, Illustratoren, Druckereien & Co. lassen das Telefon heiß laufen und die Mailbox überquellen … Auf dem Tisch stapeln sich halb fertige Cover, unvollständige Layouts, brandeilige Reinzeichnungen und redigierte Texte … Hinter Ihnen stehen der verzweifelte Grafiker, der vor Ideen übersprudelnde Chef und die rasende Vertriebskollegin – und alle wollen etwas von Ihnen: und zwar ganz dringend und am liebsten schon vorgestern! Und just in diesem Moment kommt die Auszubildende und knallt Ihnen 27 unverlangt eingesandte Manuskripte auf den Tisch. Puuh! Luft holen und tief durchatmen!

Mit dieser kleinen Geschichte möchten wir Ihnen erklären, warum Sie manchmal eine Woche, manchmal aber auch ein halbes Jahr lang keine Reaktion auf Ihr eingesandtes Manuskript bekommen. Dies passiert Ihnen bei ganz kleinen Verlagen ebenso wie bei sehr großen. Und Sie sind einfach nur enttäuscht, dass Ihr Werk nicht sofort die komplette Verlagsmannschaft im Allgemeinen und die Lektorinnen im Besonderen vom Stuhl haut.

Beachtung finden Konzepte und Exposés, die professionell aufbereitet und deren Idee schnell zu erfassen ist. Wichtig ist natürlich auch, dass Sie Ihre Skripte an den passenden Verlag senden. Ein Verlag, der keine Bilderbücher im Programm hat, kann mit einem Bilderbuchtext herzlich wenig anfangen.

Dieses Buch soll Ihnen helfen, Ihre geplante Kinderbuchautorenlaufbahn von Anfang an richtig und professionell anzugehen,

- damit Sie sich einige Enttäuschungen ersparen,
- damit Sie wissen, wie man professionelle Exposés und Konzepte erstellt,
- damit Sie sich mit Ihrer Idee an die richtigen Verlage wenden
- und damit Sie vielleicht eines Tages erfolgreich Kinderbücher schreiben.

Eben darum haben wir dieses Buch gemacht und wünschen Ihnen viel Spaß und Erfolg beim Bücher schreiben!

Daniela Schönkes

moses.-Lektorat

P. S.: Und auch wenn Sie kein erfolgreicher Kinderbuchautor werden, Ihre Leidenschaft für Bücher bleibt Ihnen hoffentlich erhalten!!

... und was Ihnen die Autorin zu diesem Buch noch sagen wollte

Liebe Leserin, lieber Leser,

Kinderbuchautor zu werden – das könnte Sie also locken. Immerhin denken Sie sich gerne Geschichten für Kinder aus. Immerhin macht es Ihnen Freude, sie aufzuschreiben. Und immerhin lauschen ein bis mehrere kindliche Wesen begeistert, wenn Sie aus Ihren Werken vorlesen. Nun sind Sie – ehrlich gesagt – der Meinung, es sei an der Zeit, diese Werke der Öffentlichkeit vorzustellen. Dann haben Sie gerade den richtigen Schritt getan! Denn die Lektüre dieses Buches kann Ihnen viel ersparen, erleichtern, ermöglichen.

Ich selbst erinnere mich noch ganz genau – vor 14 Jahren war es: Mein erstes Kind befand sich gerade im Kleinkindalter, mein zweites sah seiner Geburt entgegen. Wir befanden uns auf dem Rückweg von Freunden, die wir für ein paar Tage besucht hatten. Sarah, das Kind der Freunde, und unser Sohn hatten entzückend miteinander gespielt. So entzückend, dass mir dazu eine Geschichte einfiel. Glücklicherweise lagen viele hundert Kilometer zwischen dem Zuhause der Freunde und dem unseren. Glücklicherweise saß mein Mann am Steuer. Glücklicherweise verschlief unser Kind einen Großteil der Fahrt. Und glücklicherweise wurde mir nicht schlecht.

Denn: Ich wollte, ich musste schreiben.

Als wir zu Hause ankamen, war die Geschichte fertig. Meine erste Geschichte für Kinder! Ich fand sie großartig. Auch die Mutter von Sarah, der ich die Geschichte umgehend zuschickte. Wir beide waren uns einig, dass ich da etwas ganz Besonderes zustande gebracht hatte. Und sicher, die Geschichte unserer kleinen Lieblinge schon bald in einem Kinderbuch verewigt zu sehen.

Um es kurz zu machen:
Es ist nie so weit gekommen. Die Geschichte wurde nicht veröffentlicht. Nicht damals und auch nicht später. Wenn ich sie mir heute ansehe, wundert mich das nicht. Denn: Sie ist einfach nicht gut genug für eine Veröffentlichung!

Zweierlei möchte ich aus heutiger Sicht dazu anmerken:

Erstens:

Den eigenen Texten gegenüber sind die allermeisten Menschen zu unkritisch. Betriebsblind, könnte man sagen. Und das besonders, wenn sie noch nicht viel Schreiberfahrung haben.

Zweitens:

Ich selbst hatte dennoch Blut geleckt. Ich gab nicht auf. Ich hatte beschlossen, Kinderbuchautorin zu werden.

In diesem Buch werde ich Sie daran teilhaben lassen, welche naiven Fehler und grotesken Erfahrungen ich in der Folgezeit zu machen hatte. Aber auch daran, wie es immer besser lief mit dem Schreiben. Ich würde nie sagen, dass ich ES jetzt geschafft habe. Aber was ich geschafft habe, ist weit mehr als das, was mir damals vor 14 Jahren vorschwebte.

Welches Ziel Sie sich setzen, entscheiden Sie selbst. Auf jeden Fall wünsche ich Ihnen für Ihren ganz persönlichen Werdegang viel Glück!

Heidemarie Brosche

Ach ja, ein Zusatz noch:
Wie so viele Autoren vor und neben mir möchte auch ich meinen Leserinnen und Lesern sprachliche Schwerfälligkeit in Form von „der Autor/die Autorin", „der Lektor/die Lektorin" u. Ä. ersparen. Ich werde mich deshalb auf die kürzere (!) männliche Form beschränken. Und das ganz gewiss nicht aus Geringschätzung uns Frauen gegenüber!

Inhalt

Die Anfänge

Tja, da saß ich nun also. Eine wunderbare Geschichte auf dem Papier – zumindest hielt ich sie dafür – und keine Ahnung, wie ich sie an den Mann, sprich: Verlag, bringen sollte.

➜ Die erste Geschichte

Manche Menschen haben eine wunderbare Geschichte für Kinder im Kopf. Sie haben sie erst im Kopf und erzählen sie anschließend ihren Kindern.

Menschen, die Kinderbuchautoren werden wollen, dürfen sich damit nicht begnügen. Sie müssen ihre Geschichten aufschreiben.

Das habe ich richtig gemacht.

Sie müssen aber auch sehr kritisch mit ihren Geschichten sein.

Das habe ich falsch gemacht.

Ich war sehr schnell mit mir zufrieden. Ich war geblendet von meiner wunderbaren Idee und hatte keine rechte Lust, die Sache in Ruhe reifen zu lassen.

Und genau dieses Reifen kann Geschichten so gut tun.
Vor allem Geschichten von Anfängern.

✐ Weil sie noch unerfahren sind.

✐ Weil sie das Geschichtenschreiben noch nicht so gut können.

✐ Weil ihr Blick für das Wesentliche noch nicht ausreichend ausgeprägt ist.

✐ Und: Weil sie vor lauter Anfängerstolz platzen.

Was also tun?

Tatsächlich sollte man sich bemühen, Distanz zum eigenen Text zu schaffen.

Diese Distanz lässt sich auf recht skurrile Weise erreichen. Auf einem Autorenseminar, von dem später noch die Rede sein wird, hat man mir folgenden Tipp gegeben:

✐ Man pinne den Text an die Wand und lese ihn mit einem Fernglas. Rechtschreibfehler und unzusammenhängende Sätze fallen so recht deutlich ins Auge, eine gesunde Distanz wird erreicht.

Diese Distanz kann aber auch erreicht werden, indem man

✐ das Geschriebene eine Weile liegen lässt, ehe man es wieder liest,

✐ das Geschriebene sich oder anderen laut vorliest,

✐ sich die Geschichte vorlesen lässt,

✐ die Geschichte einem kritischen Kreuzverhör unterzieht – mit so ketzerischen Fragen wie den folgenden:

• Wer soll diese Geschichte kaufen?

• Warum sollte er sie kaufen?

• Bringt die Geschichte irgendetwas Neues?

Wer eine Geschichte veröffentlichen will, darf sich aber auch nicht damit begnügen, sie selbst gut zu finden. Er sollte sich noch nicht einmal damit begnügen, dass jede Menge Zuhörer aus dem Freundeskreis sie gut finden. Denn erstens reagieren die meisten Freunde begeistert, wenn wir Autoren ihnen „Selbst-Gedichtetes" vorlesen. Sie finden es einfach toll, dass wir so etwas können und sie wollen ja schließlich weiterhin unsere Freunde bleiben. Und zweitens haben die meisten Freunde recht wenig Ahnung von Veröffentlichungskriterien und Marktchancen.

Wer also veröffentlichen will – und das bedeutet nun einmal, nicht für die Schublade zu produzieren – sollte außer dem Schreiben auch lesen. Er sollte lesen und sich dabei informieren über die gegenwärtige Kinderliteratur. Was natürlich nicht bedeuten soll, einer Mode nachzuhecheln. Aber es ist nun einmal so: Wer in der heutigen Zeit eine süße, allerliebste Geschichte über ein süßes, allerliebstes Käferlein zu Papier bringt, hat eher wenig Chancen. Wer dem Fantasy-Trend hinterherjagt, obwohl die Verlage bereits auf Bergen von Fantasy-Manuskripten sitzen, der kommt einfach zu spät. Und was mit Leuten passiert, die zu spät kommen, weiß man ja ...

Mit den Trends ist das überhaupt so eine Sache. So erfolgreich diese aktuellen Themen eine Weile sind, irgendwann ist die Luft meist raus. Und dann verkaufen sich gerade diese Themen eben gar nicht mehr. Wer vorhat, sich an einen aktuellen Trend anzuschließen, sollte vor allem auch bedenken, dass Bücher in den allermeisten Fällen eine enorme Vorlaufzeit haben. Was nichts anderes heißt, als dass vom Zeitpunkt der Manuskriptannahme bis zum Zeitpunkt der Bucherscheinung oft Jahre vergehen.

Was im Kinderbuchbereich unbedingt bedacht werden muss – und was ich nicht bedacht habe, weil ich es nicht wusste: Ganz besonders schwierig ist es, als Anfänger mit einem Bilderbuch zu landen, denn die Herstellung eines Bilderbuches ist enorm teuer. Außerdem gibt es eine Fülle von Bilderbüchern auf dem Markt und einige wenige, die sich wirklich gut verkaufen. Dies schreckt Verlage natürlich ab, gerade wenn sie nicht sicher sind, ob der Neuling sich auf dem Markt durchsetzen kann.

Umgekehrt kann man sich – zum Beispiel in Buchhandlungen – natürlich auch kundig machen, welcher Kinderbuchbereich zur Zeit besonders gefragt ist. Lautet die Antwort Erstleser, wäre es vielleicht nicht allzu schlecht, sich im Erstleserbereich umzusehen und dann den eigenen Ideen in dieser Sparte freien Lauf zu lassen.

- Üben Sie das Schreiben, indem Sie tatsächlich **schreiben**!
- Schaffen Sie Distanz zu eigenen Geschichten!
- Machen Sie sich kundig in der aktuellen Kinderliteratur!

Den richtigen Verlag herausfinden

Hoch motiviert und reichlich fieberhaft stellte ich also Überlegungen an:

1) Welche Kinderbuchverlage gibt es?
2) Wie komme ich an die Adressen?
3) Wie kann ich den Kontakt herstellen?
4) Wie soll ich Text und Anschreiben gestalten?
5) Und schließlich: Kann man denn eine Geschichte für Kinder (!) ohne Bilder anbieten?

Sooft es mein Alltag als Kleinkind- und werdende Mutter zuließ, beschäftigte ich mich mit diesen Fragen. Ich wühlte im Bücherregal meines kleinen Sohnes und notierte mir Verlagsnamen. Waren wir zu Besuch bei anderen Familien, führte mich der Weg früher oder später zwanghaft zum Bücherregal des Nachwuchses. Schreibpapier und Stift wurden meine ständigen Begleiter. So sammelte ich Verlagsnamen, zu denen mir aber in den meisten Fällen noch die Adressen fehlten.

Die von mir gewählte Vorgehensweise würde ich, rückblickend betrachtet, als willkürlich bis planlos bezeichnen.

Es genügt einfach nicht zu wissen, dass dieser oder jener ein Kinderbuchverlag ist. Es genügt noch nicht einmal zu wissen, dass es ein Verlag ist, der Bilderbücher oder Kinderromane im Programm hat. Auch Bilderbuchverlage unterscheiden sich allerheftigst in ihren Programmen. Selbst in der Sparte „Pappbilderbuch" gibt es noch ganz verschiedene Richtungen. Und darüber muss man sich informieren. Dies war mir damals nicht bewusst.

Wenn ich heute ganz am Anfang stünde, würde ich versuchen, einen Überblick über das Verlagsgeschehen zu bekommen, das bedeutet:

✐ Ich würde mich in mehreren gut sortierten Buchhandlungen umsehen und versuchen, mir einen Eindruck vom Programm der einzelnen Verlage zu verschaffen.

✐ Ich würde einen gut informierten und gutwilligen Buchhändler – die Größe der Buchhandlung spielt keine Rolle – als Informationsquelle anzapfen.

✐ Ich würde versuchen, aktuelle Verlagsprogramme möglichst aller in Frage kommender Verlage zu ergattern. Leider ist das nicht allzu leicht über die Buchhandlungen möglich, da sie die Vorschauen für ihre eigenen Bestellungen benötigen.

✐ Ich würde – wenn ich in der Nähe von Frankfurt oder Leipzig wohnen würde oder Zeit und Geld nicht scheuen müsste – die nächste der beiden deutschen Buchmessen an einem der Publikumstage besuchen und mich in der Abteilung „Kinder- und Jugendbuch" sehr gründlich umsehen. Hier gibt es Prospekte von allen Verlagen zum Mitnehmen und die kann man sich zu Hause dann in aller Ruhe zu Gemüte führen.

✐ Ich würde, was ich damals noch nicht konnte, im Internet nachschauen. Die meisten der Buchverlage präsentieren sich und ihr Programm auf einer verlagseigenen Homepage. Finden kann man die Internetadressen, indem man – Methode „Versuch und Irrtum" – *www.Verlagsname.de* eingibt oder in eine der Suchmaschinen, zum Beispiel *www.google.de* den jeweiligen Verlagsnamen eingibt.

🖉 Ich würde mir auf jeden Fall die aktuelle Broschüre „Kinder- und Jugendbuchverlage von A-Z" für Euro 6,- (inklusive Rückporto) besorgen, und zwar bei der

Arbeitsgemeinschaft von Jugendbuchverlagen e. V. Die jeweils aktuelle Adresse erfahren Sie im Internet: *www.avj-online.de.*

Hier stellen die Mitglieder der Arbeitsgemeinschaft von Jugendbuchverlagen (avj) – das sind die meisten deutschsprachigen Kinder- und Jugendbuchverlage – ihre Verlagsprofile und Programmschwerpunkte vor. Außerdem finden Sie dort auch die postalischen Adressen und Ansprechpartner der Verlage.

Hätte ich dieses Büchlein, das jedes Jahr aktualisiert wird, damals schon gehabt, wäre mir so manche Enttäuschung erspart geblieben.

Zuletzt erwähntem Büchlein kann man zum Beispiel auch entnehmen, ob ein Verlag in Buchreihen oder in Einzeltiteln arbeitet, ob er Sachbücher oder Kinderromane oder beides im Programm hat.

Tatsächlich gibt es im Kinderbuchbereich ja eine recht breite Palette von Veröffentlichungsmöglichkeiten.

Hier eine Auswahl:

🖉 Pappbilderbücher

🖉 Bilderbücher

🖉 künstlerische Bilderbücher, bei denen der Schwerpunkt auf der eher künstlerisch gestalteten Illustration liegt

🖉 Mini-Bilderbücher (wie Pixi-Bücher vom Carlsen Verlag)

🖉 Vorlesegeschichtenbücher

🖉 Anthologien, also Sammlungen verschiedener Geschichten/Gedichte verschiedener Autoren

🖉 Erstlesebücher, wobei es hier verschiedene Lesestufen gibt

🖉 Kinderromane

🖉 Jugendromane

⬭ Sachbücher für die verschiedensten Altersstufen

⬭ Beschäftigungsbücher mit Geschichten, Gedichten, Liedern, Rätseln usw.

⬭ gemischte Eltern-Kind-Ratgeber mit passenden Geschichten, Gedichten ...

- Informieren Sie sich über die Profile und Programme der einzelnen Verlage!
- Informieren Sie sich über Möglichkeiten der Veröffentlichung im Kinderbuchbereich!

Illustration ja oder nein?

Während ich mich also noch mit dem Thema „Kinderbuchverlage" beschäftigte, machte mir ein Punkt noch gewaltig zu schaffen: Ich hatte nämlich beschlossen, dass man eine Geschichte für Kinder nicht ohne Illustrationen anbieten kann. Sie gehören doch einfach dazu! Und woher sollen die Verlagsleute wissen, wie sie aussehen sollen, wenn ich sie nicht mitliefere?

Damit war ich an das erste große Problem gestoßen. Ich kann nämlich nicht die Bohne zeichnen. Wild begann ich zu agieren. Fragte mich auf der Suche nach Zeichentalenten quer durch den Bekanntenkreis. Brachte in der örtlichen Fachhochschule für Gestaltung folgenden Aushang an:

Leider kann ich selbst überhaupt nicht zeichnen,
aber Texte für Kinder schreibe ich furchtbar gerne.
Wer hat Lust zur KINDERBUCHILLUSTRATION?
Bitte anrufen bei ...

Und lernte schließlich durch beständiges Quasseln eine junge Frau kennen, die „schon immer gut zeichnen konnte" und sich tatsächlich mit dem Gedanken herumschlug, es mal mit dem Illustrieren von Kinderbüchern zu versuchen. Ich war überglücklich! Was sollte nun noch schief gehen?

In der Folge traf ich mich mit der besagten jungen Frau des öfteren, die übrigens von meinem Text recht angetan war. Was mich natürlich bestätigte. Es entstanden ein paar hübsche Zeichnungen, die richtig gut zu meiner Geschichte passten, wie ich fand.

Mein Aktionismus rund um passende Illustrationen hat mich damals zwar beflügelt, er hat mir Spaß gemacht und er hat mir nette Kontakte gebracht. Nötig allerdings war er nicht.

Selbst ein Bilderbuchmanuskript kann problemlos und ohne Einbuße an Veröffentlichungschancen unbebildert angeboten werden. Aber das habe ich selbst eben erst viel später erfahren.

Auf einem der an späterer Stelle erwähnten Autorenseminare sagte man uns in aller Deutlichkeit, dass es völlig unüblich, ja sogar unsinnig sei, sich selbst einen Illustrator zu suchen. Verlagsleute seien durchaus in der Lage, die Qualität einer Geschichte auch unbebildert zu erkennen und suchten viel lieber selbst einen passenden Illustrator. Und: Ein Gespann aus no-name-Autor und no-name-Illustrator habe schon mal von Haus aus wenig Chance auf Erfolg!

Wenn Sie allerdings ein begnadetes Genie sind, das sehr genau weiß, wie es seine eigene Geschichte illustrieren will, sollten Sie sich von mir nicht davon abhalten lassen.

Wenn Sie ein begnadetes Genie kennen, das Ihnen unbedingt ein paar Illustrationen liefern möchte, sollten Sie es nicht abhalten.

Aber: Wenn beides nicht der Fall ist, brauchen Sie weder Zeit noch Energie noch Nerven mit der Suche nach einem Illustrator verschwenden.

Ein Kinderbuch – auch wenn es ein Bilderbuch ist – muss nicht mit Illustrationen angeboten werden.

Schreibwerkstatt als Übungsterrain

Ach ja, was ich zu erwähnen vergaß: Wenige Monate vor Entstehung meines ersten „Kinderbuches" hatte ich die Ankündigung eines Volkshochschul-Schreibkurses in der Zeitung entdeckt und mich begeistert eingeschrieben.

Wie gut mir das Schreiben tut, hatte ich nämlich Jahre vorher schon gespürt, als ich in meinem Erstberuf Lehrerin an einem Schreibwettbewerb eines Rundfunksenders teilgenommen hatte. Einen Monat hatte ich zu diesem Zweck Tagebuch über meine berufliche Tätigkeit geführt – und ich war gesendet worden. Damals hatte ich – wie gesagt – schon das tief befriedigende Gefühl erlebt, einen eigenen Text selbst für gut zu befinden und dann auch noch veröffentlicht zu sehen. Doch danach hatte ich, solange ich noch berufstätig war, nie mehr die Kraft gefunden, mich an größere Textvorhaben zu wagen. Kein Musenkuss weit und breit! Und so hatte es nun bis zum Muttersein gedauert, bis ich das Thema „Schreiben" wieder für mich entdeckte.

Einmal die Woche erfuhr ich in dem besagten Volkshochschulkurs Schreibanregungen mannigfacher Art. Mit Kinderliteratur hatte dies natürlich nichts zu tun, aber es machte mir Spaß, gewaltigen Spaß. Das Gefühl, mich in Worten ausdrücken zu können, das Gefühl auch, durch Übung besser zu werden, tat mir gut.

Begierig sog ich alles in mich auf, was der Kursleiter uns erzählte, abonnierte eine Fachzeitschrift, die er zwecks Ausschreibungen von literarischen Wettbewerben und Ähnlichem empfahl, machte regelmäßig meine Hausaufgaben und harrte ebenso regelmäßig der Kritik der anderen Kursteilnehmer an meinen Texten. Selbstverständlich kam die, selbstverständlich machte mir nicht alles gleichermaßen Freude. Aber dennoch spürte ich ganz deutlich: Schreiben tut mir gut.

Sicher können Sie ein erfolgreicher Kinderbuchautor werden, ohne je eine solche Schreibwerkstatt besucht zu haben. Vermutlich haben sogar die meisten der großen Kinderbuchautoren noch nie an einem solchen Kurs teilgenommen.

Für mich allerdings war es damals eine gute Möglichkeit, das Schreiben zu üben und auf das Geschriebene eine Reaktion zu erhalten. Das Schreiben zu üben, heißt auch, verschiedene Textformen zu erproben, eigene Begabungen zu erspüren. Einmal hat mich der banale Hinweis, eine authentische Ich-Erzählung in der dritten Form zu schreiben, einen hübschen Schritt weitergebracht. Aus „Ich setzte mich ans Steuer und fuhr los." wurde „Anna setzte sich ans Steuer und fuhr los." Die Geschichte, die dabei entstand, wäre in der ursprünglichen Form wohl nicht möglich gewesen. Mich hat es auch immer wieder sehr motiviert zu wissen: Hier sind Menschen, die sich für meine Texte interessieren. Menschen auch, die auf Grund ihrer eigenen Leidenschaft fürs Schreiben zu ganz anderer Kritik in der Lage sind als Schreib-Laien. Sicher haben mich auch die Texte der anderen weitergebracht, denn ich musste mich ja mit ihnen auseinandersetzen. Und bei jeder geistigen Auseinandersetzung vollzieht sich ja ein wenn auch noch so kleiner Lernprozess.

Wenn Sie derartige Auseinandersetzungen weniger schätzen, wenn Sie sich dadurch in Ihrer Kreativität gestört fühlen, dann bleiben Sie solchen Veranstaltungen lieber fern. Wenn es Ihnen aber so geht wie mir, sollten Sie sich informieren, was in Ihrer Nähe angeboten wird.

- Studieren Sie das Kursangebot der örtlichen Volkshochschule.
- Lesen Sie aufmerksam die entsprechenden Hinweise in Ihrer Zeitung.
- Erkundigen Sie sich bei Ihrer Gemeinde.
- Sehen Sie nach unter *www.uschtrin.de/litbueros.html*

Fachzeitschriften als Informationsquelle

Ach ja, und das Thema Fachzeitschriften! Das regelmäßige Durchforsten der empfohlenen Publikation nach Ausschreibungen, Wettbewerben, Fortbildungsveranstaltungen hat mich damals sehr motiviert. Irgendwie verschaffte es mir das Gefühl, immer am Ball zu sein, mich stets neuen Herausforderungen stellen zu müssen und nichts zu versäumen. Damals war es die Zeitschrift „Die Feder", die uns der Kursleiter so ans Herz gelegt hatte, heute heißt deren Nachfolger – die Zeitschrift der ver.di (Vereinte Dienstleistungsgewerkschaft) – „Kunst & Kultur".

„Kunst & Kultur" erscheint achtmal im Jahr, bringt kulturpolitische Berichte und Kommentare und hat einen Service-Teil mit Ausschreibungen und Kleinanzeigen. Zur Zeit kostet das Jahresabonnement für Nichtmitglieder Euro 26,-.

Zu bestellen ist „Kunst und Kultur" über die

Verlagsgesellschaft W. E. Weinmann mbH
Postfach 1207
70773 Filderstadt
Telefax: 0711 - 70015310

oder

per E-Mail: *service@verlag-weinmann.com*

Weitere Fachzeitschriften entnehmen Sie bitte dem Anhang.

Nutzen Sie Fachzeitschriften, um sich über Ausschreibungen, Wettbewerbe, Fortbildungsveranstaltungen, Neuigkeiten aus der Branche ... zu informieren.

Mehrere Verlage auf einmal anschreiben?

Tja, ich widmete mich also sehr heftig den Punkten „Verlagskontakte" und „Illustratorensuche". Und irgendwann war es so weit. Das junge Zeichentalent hatte seine Arbeit fürs Erste abgeschlossen, gemeinsam brachten wir Text und Bilder in eine – in unseren Augen – ansprechende und angemessene Form. Ich hatte beschlossen, die Geschichte an ein paar Verlage gleichzeitig zu senden.

Da ich ein ungeduldiger Mensch bin, konnte ich es damals nicht aushalten, meine Geschichte nur an einen Verlag zu senden. Ich wollte von Anfang an mehrere Eisen im Feuer haben.

Und ein bisschen hatte ich da auch Recht. Da es oft sehr lange dauert, bis Antwort von den Verlagen eintrifft und da man als Autor in dieser langen Zeit nicht „verhungern" möchte, bietet es sich an, es gleichzeitig bei mehreren Verlagen zu versuchen. Außerdem lassen sich dann die Chancen des eigenen Machwerks wesentlich schneller einordnen. Wenn kurz hintereinander lauter ähnlich geartete Absagen kommen, tja, dann war da vielleicht doch etwas nicht ganz so großartig ... Sollten umgekehrt mehrere Angebote eintreffen, weiß der Autor eben recht schnell seinen eigenen Marktwert einzuschätzen.

Allerdings kann sich ein Autor auch um Chancen bringen. Dann nämlich, wenn sich ein Verlag die Mühe macht, die Ablehnung zu begründen. Der Autor könnte sich nun diese Gründe zu Herzen nehmen und sein Werk entsprechend überarbeiten. Kann er aber nicht, wenn er die ursprüngliche Version schon an alle möglichen Verlage verschickt hat!

Mir hat damals jemand geraten, es höchstens bei drei bis fünf Verlagen gleichzeitig zu versuchen. Und daran habe ich mich gehalten. Inzwischen werden auch Stimmen laut, die zu wesentlich mehr – bis zu 20 – gleichzeitigen Bewerbungen raten. Alles andere sei heutzutage Zeitverschwendung.

Als Autor sollten Sie allerdings sehr darauf achten, dass der Verlagsname überall geändert wird. Es ist doch zu peinlich, wenn in einem Anschreiben an den XY-Verlag aus Versehen noch der Z-Verlag auftaucht. Der XY-Verlag kann so ganz genau sehen, an wen Sie Ihr Manuskript noch geschickt haben und wird dies und Ihre Schlamperei nicht unbedingt positiv vermerken. Versuchen Sie dies auch bei E-Mails zu vermeiden, die Sie an mehrere Verlage richten und wo ein derartiges Missgeschick sehr leicht passieren kann.

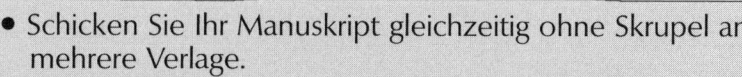

- Schicken Sie Ihr Manuskript gleichzeitig ohne Skrupel an mehrere Verlage.
- Achten Sie darauf, den Verlagsnamen überall zu ändern.

Verlagskontakt herstellen

Die Verlagsadressen hatte ich – da ich das oben erwähnte Büchlein noch nicht kannte – auf alle möglichen Arten ausfindig gemacht. Manche fand ich in Kinderbüchern. Manche bekam ich über Verlagsprospekte, die ich mir in verschiedenen Buchhandlungen ergattert hatte, heraus. Und wo ich gar nicht weiterkam, rief ich die Auskunft an, erbat mir die Telefonnummer des betreffenden Verlages, rief dort an und bat kühn um die Adresse zwecks Manuskriptzusendung. Jedes Mal wenn die Stimme am anderen Ende der Leitung nicht abweisend wirkte, hegte ich Hoffnung. Man freute sich dort wohl auf meinen Text.

Zu glauben, dass man sich auf meine Geschichte freute, bloß weil irgendjemand freundlich mit mir sprach, war natürlich reichlich naiv und unbedarft. Auch meine Methode, an die postalischen Adressen zu kommen, war dies.

Günstig ist es in jedem Fall, den Namen des zuständigen Lektors zu erkunden und das Anschreiben an ihn persönlich zu richten. Der so namentlich Angesprochene wird zwar das Manuskript nicht vor Rührung bevorzugt behandeln, aber er wird es immerhin auf seinem Tisch finden. Was dem Manuskript Irrwege erspart.

Wenn man in dieser Hinsicht nicht weiterkommt, bietet sich die telefonische Möglichkeit an. Diese sieht so aus: Man ruft im Verlag an, schildert in kurzen Worten, dass man Autor ist und welche Art Text man anzubieten hat. Meist teilt die Person am Telefon dann den Namen des zuständigen Lektors mit.

Wer Lust hat und sich zutraut, sein Werk am Telefon gut zu „verkaufen", kann sich auch mit dem zuständigen Lektor verbinden bzw. sich die Durchwahl geben lassen.

Im Gespräch sollte ein Autor natürlich nicht unbeholfen herumstottern, sondern in klaren Worten zum Ausdruck bringen, wer er ist und was er anzubieten hat. Zeigt der Lektor kein Interesse am vorgestellten Projekt, erspart der Autor sich Porto und Mühen. Signalisiert der Lektor aber tatsächlich Interesse, dann kann sich der Autor auf dieses Gespräch beziehen und landet – wenn es gut geht – nicht im Stapel der unzähligen unaufgefordert eingesandten Manuskripte.

Letztere Möglichkeit, nämlich die des telefonischen Erstkontakts, hat sich in der Folgezeit bei mir persönlich zunehmend bewährt,

✐ weil ich gerne telefoniere,

✐ weil ich – glaube ich zumindest – ganz gut in wenigen Worten rüberbringen kann, was ich auf dem Herzen habe und

✐ weil ich einfach motivierter bin, wenn ich weiß: Hier wartet tatsächlich jemand auf mein Manuskript.

- Stellen Sie den Erstkontakt telefonisch her, wenn Sie sich dies hundertprozentig zutrauen.
- Wenn Sie allerdings wissen, dass präzises Formulieren nicht Ihre Stärke ist, gehen Sie lieber den schriftlichen Weg des Erstkontakts.

➡ Wie sollte ein Manuskript aussehen?

Wenn Sie ein Manuskript einsenden, sollte dies gewissen Kriterien genügen. Es sollte

✐ nicht von Hand, sondern mit dem PC geschrieben sein,

✐ nur einseitig beschriftet sein,

✐ möglichst tippfehlerfrei sein,

✐ nicht zu dicht bedruckt sein – bewährt haben sich Normseiten von 30 Zeilen à 60 Anschlägen mit Zeilenabstand 1,5 oder 2,

✐ ein Deckblatt haben, auf dem Ihr Name, Ihre Adresse und der Arbeitstitel (was soviel heißt wie „vorläufiger Titel") stehen sollte,

✐ durchnummerierte Seiten haben.

Schlecht ist es auch nicht, wenn Sie jede Seite mit Name, Adresse und Arbeitstitel versehen.

Im Folgenden finden Sie Beispiele für Deckblatt, Anschreiben usw. Bei all diesen Beispielen sind Adresse, Telefon- und Faxnummer frei erfunden.

Sie können dabei auch ein wenig die Entwicklung eines meiner Kinderbücher mitverfolgen, das als „Max und die Skaterbande" schließlich das Licht der Kinderromanwelt erblickte.

Heidemarie Brosche
Obere Knopfstraße 24
98765 Kriggdorf
Telefon: 0432 - 12345
Telefax: 0432 - 12365
E-Mail: HeiBrosche@aol.com

Arbeitstitel:
Maximilian und der Skater-King
(Roman für Kinder ab acht Jahren)

Beispiel für ein Deckblatt zu einer meiner späteren Textproduktionen (Aus Maximilian wurde im fertigen Buch übrigens Max, der fertige Titel hieß: „Max und die Skaterbande".)

Was gehört zum Manuskript?

Dass ich selbst damals jeweils das ganze Manuskript an die Verlage schickte, war insofern in Ordnung, als meine Geschichte nur ein paar Seiten lang war.

Wenn es sich um ein größeres Werk handelt, empfiehlt es sich, nicht das ganze Manuskript, sondern

✎ ein Exposé,

✎ das Inhaltsverzeichnis/die Kapitelübersicht und

✎ ein Probekapitel zu schicken.

Das Exposé

Ein Exposé ist eine Inhaltszusammenfassung, die dem Lektor die Idee des Buches quasi verkaufen soll. Es sollte nicht allzu lang – ein bis drei Seiten – sein, das Wesentliche des geplanten Werkes erfassen und zwar möglichst überzeugend.

Wer sich die Klappentexte von Büchern bzw. die kurzen Texte auf dem Buchrücken durchliest, bekommt eine Vorstellung davon, wie so ein Exposé aussehen kann.

Heidemarie Brosche
Obere Knopfstraße 24
98765 Kriggdorf
Telefon: 0432 - 12345
Telefax: 0432 - 12365
E-Mail: HeiBrosche@aol.com

AT: Maximilian und der Skater-King

Exposé

Maximilian, ein Junge von etwa neun Jahren, besucht die dritte Klasse und ist ein eher schlechter Schüler. Er hat noch einen kleineren Bruder von knapp drei Jahren, auf den er öfter aufpassen muss, denn seine Mama ist gerade noch im Erziehungsurlaub, arbeitet aber nebenher und bereitet sich auf ihren Wieder-Wiedereinstieg vor.

Die Eltern fördern Maximilians musikalische Begabung – er spielt Geige. Ansonsten sind sie sehr besorgt und vorsichtig: So darf er nur mit Helm und nur in einer bestimmten Gegend Fahrrad fahren. Sie wollen auch immer recht genau wissen, was er so treibt. Für überflüssige neue Sportarten wie Skateboard- und Inlineskate-Fahren haben sie nichts übrig.

Gerade Inlineskates aber wünscht sich Maximilian, der in der Klasse eher ein Außenseiter ist, von ganzem Herzen. Diese Freizeitbeschäftigung ist in seiner Klasse außerordentlich beliebt, besonders bei einer bestimmten Clique. Diese trifft sich des öfteren nachmittags im Skater-Palast.

Als er die Clique heimlich beobachtet, trifft Maximilian auf den Skater-King, ein Wesen, das im Skater-Palast zu Hause ist, hervorragend Inlineskates fahren kann und über einige besondere Fähigkeiten verfügt: Es kann sich von einem Ort zum andern zaubern, es kann sich rein äußerlich in andere Personen verwandeln, es besitzt Funktionsknöpfe – in seiner Nase ...

Maximilian und der Skater-King erleben in den folgenden Wochen jede Menge gemeinsam. Sie tauschen die Rollen und der Skater-King verhilft Maximilian endlich zu Ansehen in der Gruppe, weil er für ihn sehr gut Inlineskates fährt. Dies freut Maximilian einerseits, andererseits hätte er selber gerne das Vergnügen. So trachtet er danach, es selbst zu lernen und erhält schließlich vom Skater-King – heimlich – hervorragenden Unterricht.

Natürlich ergeben sich auch jede Menge Probleme. So lässt sich der Skater-King auch fernsteuern, und Maximilian nützt dies in einem Anfall von Übermut schamlos aus, was die Freundschaft auf eine ernsthafte Probe stellt. Im Gegenzug erreicht der Skater-King, dass er für Maximilian zur Schule gehen darf, was diesen in eine äußerst prekäre Lage bringt.

Am Ende traut sich die Hauptperson endlich etwas mehr zu, aber auch die Eltern sind bereit, ihr Urteil zu revidieren.

Beispiel für ein Exposé zum entsprechenden Kinderroman

Heidemarie Brosche
Obere Knopfstraße 24
98765 Kriggdorf
Telefon: 0432 - 12345
Telefax: 0432 - 12365
E-Mail: HeiBrosche@aol.com

AT: Maximilian und der Skater-King

1. Kapitel: Die Skater-Bande

Max pulte an seinem Radiergummi. Was Frau Wegerle über die Satzglieder erzählte, interessierte ihn herzlich wenig. „Wer oder was schwimmt im Wasser?", wollte sie gerade wissen. „Fischkacke", hätte Max beinahe gesagt. Wenn er an sein eigenes Aquarium dachte, war das die Wahrheit. Er musste es dringend reinigen. Vielleicht heute Nachmittag? Wenn er mit den Hausaufgaben fertig war. Und Geige geübt hatte. Ja, er musste üben. Das neue Stück konnte er noch nicht richtig. Immer an der gleichen Stelle kippte der Ton um. „Hat die Geige ein Aua?", hatte sein kleiner Bruder Niki gestern gefragt und ganz mitleidig geschaut. So fürchterlich war das Jaulen gewesen. Aber Max wollte nicht, dass es jaulte. Sein Geigenspiel sollte gut klingen. Am besten perfekt! Irgendwann würde er es schaffen, da war er sicher. Irgendwann würde er auf der Bühne stehen. Und ins Publikum blicken. Und alle würden gebannt seinem Geigenspiel lauschen. Am Ende würde der Applaus über ihn hereinbrechen. Ein wahnsinniger, nicht enden wollender Applaus. „Wen oder was wirst du erhalten, Max?", drang in diesem Moment Frau Wegerles Stimme an sein Ohr. „Applaus", entfuhr es Max, ehe er auch nur eine Sekunde überlegen konnte. Die Klasse brüllte. Dann klatschten alle. Sie klatschten wie wild. Einige trampelten sogar mit den Füßen. „Applaus für Max!", schrie Philipp. Und die anderen schrien mit. Max spürte, wie ihm das Blut ins Gesicht stieg. Er schämte sich entsetzlich. „Jetzt wird er auch noch rot. Der kann die Bühne mit seiner eigenen Birne ausleuchten", grölte Manu. Max senkte den Kopf. Hätte er es nur nie, nie, niemals verraten! Dass er Geigenspieler werden wollte. Hätte er doch einfach Baggerführer oder Pilot gesagt! So wie die anderen. Keinen von denen konnte er mit seinem Geigenspiel hinter dem Ofen hervorlocken. Wenn es wenigstens Schlagzeug gewesen wäre. Oder Gitarre. Zur Not auch noch Klavier. „Ruhe", schrie Frau Wegerle, „verflixt noch mal Ruhe!" Und dann wandte sie sich an Max: „Eine Nachricht wirst du erhalten – das wäre die richtige Antwort gewesen. Und hier ist meine persönliche Nachricht an dich: Du solltest besser aufpassen, Max! Du hast es wirklich nötig." In Max Ohren rauschte es. Eine solche Wut hatte er! Auf sich selbst, auf die Klasse und auf Frau Wegerle. Wer oder was war am blödesten im ganzen Raum? Er wusste es nicht. Es musste sich dringend etwas ändern.

Beispiel für das entsprechende Probekapitel
© bei Arena Verlag, Edition Bücherbär

Die Vita

Egal, wie umfangreich Ihr Text ist, egal, ob Sie das ganze Manuskript oder fürs Erste nur ein Exposé anbieten, ein paar Sätze sollten Sie auch über sich und Ihre Qualifikation berichten.

Dies kann – wie in einem der folgenden Beispiele aufgezeigt – im Anschreiben selbst geschehen. Sie können aber auch – und wenn es etwas mehr als einen Satz über Sie zu erzählen gibt, sollten Sie dies tun – einen kurzen Lebenslauf, genannt Vita, beilegen. Bedenken Sie, dass für einen Lektor nicht jede Einzelheit Ihres sicherlich interessanten Lebens von Bedeutung ist, wohl aber alles, was mit dem geplanten Buch zu tun hat. Erwähnen Sie auch nicht jeden einzelnen Artikel, den Sie schon geschrieben haben, jede Lesung, die Sie schon gehalten haben. Dies wirkt doch stark so, als wollten Sie auf Teufel komm raus Eindruck schinden.

Vita

Heidemarie Brosche
Obere Knopfstraße 24
98765 Kriggdorf
Telefon: 0432 - 12345
Telefax: 0432 - 12365
E-Mail: HeiBrosche@aol.com
www.h-brosche.de

Persönliches
Geboren 1955, Abitur 1974, verheiratet, drei Söhne (geb. 1986, 1988, 1995)

Tätigkeiten
1977-1986 Lehrerin an Grund- und Hauptschulen
seit 1988 Arbeit als Autorin
1991 Lehrauftrag an der Universität München zum Thema
„Kinder- und Jugendliteratur im Deutschunterricht der Hauptschule"
1991 Auswahl zum Vierten Fortbildungsseminar für Kinderbuchautoren der Bertelsmannstiftung
1995 Praktikum in der Redaktion der Monatszeitschrift „X-MAG"

Buchveröffentlichungen
• Heiteres Überlebenstraining für Tolpatsche, Verlag Michaela Naumann, 1993
• Das Schnupftabakbuch, Verlag Michaela Naumann, 1993
• Kinder bei Laune halten, Pattloch-Verlag, 1994
• Jede Menge Spaß im Haushalt!, Tomus Verlag, 1995 (gemeinsam mit Astrid Rösel)
• Der besten Freundin!, Tomus Verlag, 1995 (gemeinsam mit Astrid Rösel)
• Lukas und der Blechdepp, Kerle Verlag im Verlag Herder, 1997
• 170 kleine schnelle Spiele, Weltbild Verlag, 1998
• Ich lebe in Europa, Ravensburger Buchverlag, 1998 (gemeinsam mit Astrid Rösel)
• Mein neues Lexikon, Weltbild Verlag, 1998 (gemeinsam mit Astrid Rösel)
• Max und die Skaterbande, Arena Verlag, Edition Bücherbär, 1999
• Ein ganz besonderer Osterbrief und andere Osterhasengeschichten, Arena Verlag, 2000
• Der Zauberer aus Badeschaum, Ravensburger Buchverlag, 2000
• Mein fröhliches Kinderjahr, Arena Verlag, Edition Bücherbär, 2001 (gemeinsam mit Astrid Rösel)
• Endlich komme ich in die Schule, Arena Verlag, Edition Bücherbär, 2001
• Abenteuer mit dem Roller, Ravensburger Buchverlag, 2001
• Hurra, der Osterhase kommt – Lustige Ostergeschichten, Arena Verlag, 2002 (gemeinsam mit Katja Reider)
• Computergeschichten, LesePiraten, Loewe Verlag, 2002
• Nervenprobe Pubertät – Wie Eltern sie bestehen können, pro juventute, 2003
• Ein Geschenk für Tina, Ravensburger Buchverlag, 2003

Beiträge in Büchern
- Beitrag in: „Die Kinder, der Krieg und die Angst", Ravensburger Buchverlag, 1991
- „Der Wind weht manchmal anders", Geschichte für Kinder (ca. zehn Jahre), in: „Der Korngeist – Geschichten aus dem Wasaland", Schneider Verlag, 1993 (ausgewählt beim Wasa-Journalistenpreis 1991)
- Beitrag in: „Ich gehe in den Kindergarten", Ellermann, 1995
- Gedichte in: „Jahrbuch für Kinder", Velber, 1996, 1997
- Beiträge in: „Auch Bärenkinder werden groß", Ellermann, 1996
- Sachbeiträge für das Treff Schülerbuch 1997, 1998, 1999, 2000, Velber
- Beitrag in: „Der Hase Franz", Ellermann, 1997
- Beitrag in: „Geschichten aus dem Osterhasenland", Arena, 2000
- Beitrag in: „Von frechen Engeln und himmlischen Geschenken. Das Weihnachtsgeschichten-Buch", Baumhaus Verlag, 2003

Sonstiges
- Seit 1990 zahlreiche Beiträge in den Zeitschriften „Hoppla", „Spielen und Lernen", „Leben und erziehen", „Kinder", „Baby" (Kinderteil: erzählend und sachlich – Elternteil: unterhaltend, auch Ratgeberbereich)
- Beiträge für den Bayerischen Rundfunk, SWF 4, und WDR
- Seit 1997 feste Kolumnen in „Kinder – Das Journal des Kindergartens", Junior-Verlag, Hamburg und in „BABY und die ersten Lebensjahre", Wort & Bild Verlag, Baierbrunn bei München
- Zahlreiche Lesungen in Schulen, Buchhandlungen, Büchereien

Dieses Beispiel ist, mit Ausnahme eben von Adresse, Telefon- und Faxnummer, meine ganz persönliche Vita – allerdings ge-kürzt.

Das Anschreiben

Hoch motiviert entwarf ich zuletzt ein Anschreiben, in dem ich meine Geschichte kommentierte und anpries und mich selbst vorstellte: Exlehrerin, Mutter und Schreibtalent. Schließlich überließ ich ein hübsches Päckchen Briefe vertrauensvoll den erfahrenen Händen der Deutschen Bundespost. An Rückporto verschwendete ich keinen Gedanken.

Dass man ein Manuskript nicht ohne Anschreiben anbietet, ist unbestritten. Was in diesem Anschreiben zu stehen hat, ist Folgendes:

Kurze Vorstellung der eigenen Person bzw. Bezugnahme zum telefonischen Gespräch und kurze (!) Beschreibung des beigelegten Manuskriptes.

Überflüssig ist
a) ein umständliches Aufzeigen des persönlichen
   Lebensweges,
b) ein Anpreisen der eigenen Person,
c) eine Gebrauchsanweisung für das Manuskript.

Ein Anschreiben ist in der Regel nicht länger als eine Seite.

Im Folgenden zwei Beispiele für mögliche Anschreiben:

Heidemarie Brosche
Obere Knopfstraße 24
98765 Kriggdorf
Telefon: 0432 - 12345
Telefax: 0432 - 12365
E-Mail: HeiBrosche@aol.com

Wildwest-Verlag
Frau Norders
Postfach 56782
84635 Batzing

Kriggdorf, 14. Februar 2003

Sehr geehrte Frau Norders,

wie gestern telefonisch besprochen, möchte ich Ihnen hiermit mein Kinderroman-Projekt mit dem Arbeitstitel:

Maximilian und der Skater-King

vorstellen und um eine Beurteilung bitten.

Anbei finden Sie ein Exposé, eine Kapitelübersicht und ein Probekapitel. Zu Ihrer Information lege ich außerdem meine Vita bei.

Über ein Interesse Ihrerseits würde ich mich freuen.

Mit freundlichen Grüßen

Heidemarie Brosche

Anlagen

Annemarie Ring
Waldstraße 2
67423 Bad Kreglingen
Telefon: 0879 - 34786
Telefax: 0879 - 34788
E-Mail: AnneRing@t-online.de

Wildwest-Verlag
Lektorat Bilderbuch
Postfach 56782
84635 Batzing

Bad Kreglingen, 27. Januar 2003

Sehr geehrte Damen und Herren,

hiermit möchte ich Ihnen meinen Bilderbuchtext mit dem Arbeitstitel:

Der Zauberer, der nicht singen konnte

vorstellen und um eine Beurteilung bitten. Er richtet sich an Kinder ab vier Jahren.

Zu meiner Person: Im Hauptberuf arbeite ich als Schneiderin. Seit Jahren allerdings werden Kindergeschichten von mir in verschiedenen Zeitschriften veröffentlicht. „Der Zauberer, der nicht singen konnte" ist mein erstes Bilderbuchprojekt.

Über eine positive Nachricht würde ich mich freuen.

Mit freundlichen Grüßen

Annemarie Ring

Anlagen: Manuskript
Rückporto

Wie versendet man alles?

Wenn Sie nun alles beieinander haben – ein überzeugendes Manuskript bzw. ein ebenso überzeugendes Exposé plus Kapitelübersicht plus Probekapitel, eventuell eine Vita und ein Anschreiben – heften Sie alles mit einer rostfreien Büroklammer zusammen oder verstauen Sie es in einer sauberen Klarsichthülle.

Ach ja, zur Zeit sind viele Verlage finanziell nicht gerade auf Rosen gebettet. Wenn Sie also Rückporto beilegen, erhöhen Sie Ihre Chancen, zumindest Antwort zu bekommen.

Zum guten Schluss stecken Sie alles in eine ausreichend stabile Versandtasche.

Natürlich können Sie heute auch den Weg per E-Mail gehen. Für den Erstkontakt würde ich aber nach wie vor den Postweg empfehlen. Schon allein deshalb, weil Sie es mit einer Sendung per E-Mail dem Verlag noch leichter machen, Ihnen eine Ruck-zuck-Absage zu verpassen.

- Richten Sie Ihr Schreiben an den zuständigen Lektor.
- Schicken Sie bei größeren Werken nicht das ganze Manuskript, sondern ein Exposé, das Inhaltsverzeichnis oder die Kapitelübersicht und ein Probekapitel.
- Legen Sie eventuell eine knappe Vita bei.
- Verwenden Sie Sorgfalt auf das Verfassen dieser Schriftstücke und des Anschreibens.
- Denken Sie eventuell an Rückporto.

Das Warten auf Antwort

Selbstverständlich war ich im Innersten davon überzeugt, dass, wer auch immer von den Verlagsleuten meine Geschichte lesen würde, vor Freude über die Entdeckung eines neuen großen Talents wenn schon nicht an die Decke hüpfen, so doch augenblicklich zur Feder bzw. zum Telefonhörer greifen würde, um mir ebendies mitzuteilen. (Wie dieser Wunschtraum eines Tages wahr wurde, aber doch nur halb, davon wird an späterer Stelle die Rede sein.)

Dass ich damals so sicher war, Begeisterungsstürme zu ernten, kommt mir heute reichlich übertrieben vor. Andernteils ist es für einen Autor enorm wichtig, von sich selbst überzeugt zu sein. Wenn man selbst nicht an sich, sein Können und seine Ideen glaubt, wer sonst sollte es tun? Wenn man nicht selbst überzeugt ist, wie kann man dann andere überzeugen?

Wenn man nicht sicher ist, etwas Groß- und Einzigartiges zu können, woher sollte man die Energie nehmen, trotz aller Widrigkeiten weiter zu machen?

Von diesem Zeitpunkt an wurde der tägliche Gang zum Briefkasten Kult. In jedem Schellen des Telefons schwang etwas Verheißungsvolles mit. (Das ist übrigens bis heute so geblieben. Nur, dass im Laufe der Zeit Anrufbeantworter, Faxgerät und E-Mail dazugekommen sind.)

Was zunächst kam, war nichts. Kein Brief, kein Anruf. Es tat sich rein gar nichts. Ich konnte es nicht glauben. Zumindest Bescheid sagen mussten sie mir doch. Während ich noch grübelte und Möglichkeiten wälzte und weitere Schritte überlegte, tat sich nach ein paar Wochen dann doch etwas.

Ein Brief, der schon vom Äußeren her eindeutig als Verlagsbrief zu identifizieren war, traf ein. Mit zitternden Händen – an dieser Stelle übrigens kein Klischee, sondern die blanke Wahrheit – riss ich das Kuvert auf. Sekundenbruchteile später blickte ich der traurigen Wahrheit ins Gesicht: Man war nicht interessiert an meiner Geschichte, wünschte mir aber alles Gute für meinen weiteren Werdegang. Enttäuschung machte sich breit. Dass die meine schöne Geschichte so gar nicht zu schätzen wussten!

Mühsam hievte ich mich selbst wieder aus dem Loch der Niedergeschlagenheit. Immerhin hatte ich ja noch ein paar Eisen im Feuer.

Im Laufe der nächsten Wochen gab es noch immer keine begeisterten Telefonanrufe, aber doch ein paar Briefe.

Hier eine Auswahl der Ablehnungstexte:

... Unsere Prüfung hat jedoch ergeben, dass es für den XY-Verlag leider nicht in Frage kommt. Wir bitten Sie um Verständnis, dass wir nicht näher auf die Gründe eingehen, denn tagtäglich erreichen uns viele ähnliche Angebote ...

... der XY-Verlag freut sich, dass Sie bei der geplanten Veröffentlichung Ihres Werkes an ihn gedacht haben. Leider sind wir nur ein kleines Lektorat und schicken Ihnen daher Ihre Unterlagen zurück, ohne inhaltlich Stellung zu nehmen. Die von Ihnen vorgeschlagene Buchidee passt zur Zeit nicht in unser Verlagsprogramm ...

... Leider müssen wir Ihnen mitteilen, dass wir oben genannten Titel nicht in unser Programm aufnehmen können ...

... Nach eingehender Prüfung durch unser Lektorat möchten wir von einer Veröffentlichung absehen. Ihr Manuskript lässt sich leider nicht in unser kleines und doch eher spezielles Programm integrieren. Wir bedauern, Ihnen keine andere Mitteilung machen zu können und bedanken uns für Ihr Vertrauen ...

Freuen Sie sich auf Reaktion – das wirkt motivierend. Aber freuen Sie sich nicht zu sehr – das könnte deprimierend wirken!

Ein Ablehnungsschreiben – und jetzt?

Naiv und unerfahren, wie ich damals war, hatte ich keine Ahnung, wie es in den Verlagen zugeht. Dass die Redaktionen überschwemmt werden mit so genannten unaufgefordert eingesandten Manuskripten, dass täglich neue Stapel per Post – und seit einiger Zeit auch per E-Mail – eintreffen, dass unter all diesen Manuskripten nur äußerst wenige brauchbar sind, dass die Lektorate alleine mit den Ablehnungsschreiben voll beschäftigt wären, wenn sie jedes einzelne Manuskript würdigen würden – dies alles war mir nicht bewusst. Und deshalb war ich so enttäuscht. Mittlerweile weiß ich es, und mittlerweile schicke ich auch keine Manuskripte mehr unaufgefordert ein.

Wenn Sie dies allerdings tun werden – und zu Beginn lässt es sich kaum vermeiden – sollten Sie beachten, was Ihnen auf den vorhergehenden Seiten geraten wurde und nicht enttäuscht über Absagen sein. Absagen sind das Normale. Zusagen sind es nicht. Sehen Sie dies von Anfang an in der richtigen Relation, werden Sie nicht so hart aufschlagen, wenn man Sie auf den Boden der Tatsachen holt.

Dennoch sollten Sie kritisch mit sich zu Rate gehen.

Was könnten die Gründe für ein Ablehnungsschreiben sein:

- Habe ich den falschen Verlag ausgewählt? Passt also meine Idee wirklich nicht ins Verlagsprogramm?
- Passt meine Idee zwar ins Verlagsprogramm, aber hat der ausgewählte Verlag eine ähnliche Idee gerade erst verwirklicht oder hat er die Verwirklichung einer ähnlichen Idee in Planung? Bin ich also zu spät gekommen?
- Hat der Verlag mit einer ähnlichen Idee schlechte Erfahrungen gemacht? Befürchtet er also, dass sie sich nicht verkaufen wird?
- Ist meine Idee gut, aber habe ich sie womöglich nicht gut umgesetzt?
- Ist meine Idee vielleicht doch nicht so gut?

Ihr weiteres Vorgehen wird davon abhängen, welche Antwort Sie für sich gefunden haben.

- Wählen Sie einen Verlag, in dessen Programm Ihre Idee besser passen würde.

- Oder verbessern Sie die Umsetzung Ihrer Idee.

- Oder verwerfen Sie die Idee und nehmen etwas Neues in Angriff.

Ich will dazu lernen

Tja, nun saß ich wieder da ... Eigentlich hätte ich tief deprimiert sein müssen, andererseits waren mir in der Zwischenzeit schon wieder jede Menge neuer Ideen gekommen. Und so gab es für mich keinen Zweifel: Ich versuche es weiter!

In der Folge schickte ich diese eine erste Geschichte noch an etliche weitere Verlage, bekam mein zweites Kind und schrieb, was das Zeug hielt. Irgendwie und irgendwann gelang es mir, meine beiden Süßen täglich zur selben Zeit zum Mittagsschlaf abzulegen, und diese Zeit wurde mir – ich kann es nicht anders sagen – heilig. Gnade dem, der eines der Kinder weckte und mich damit um meine Schaffenszeit brachte!

Ich sehe mich noch, wie ich – kaum waren die Kleinen im Bett – hektisch die elektronische Schreibmaschine auf den Esstisch beförderte und dann loslegte. Einmal – das Baby machte aus irgendeinem unerfindlichen Grund seinen Mittagsschlaf im Wohnzimmer – schrieb ich, um es nicht zu wecken, in der Küche, mangels Arbeitstisch abwechselnd stehend und kniend.

 ## Ein Verlag zeigt Bedarf

Was mich gar so beflügelt hatte: Bei einem der bereits erwähnten Telefongespräche war ich flugs im Lektorat des betreffenden Verlages gelandet und hatte dort erfahren, dass man gerade Gute-Nacht-Geschichten suchte. Dies war mir Hoffnung und Herausforderung zugleich!

Und dies sollte sich auch immer wieder als Vorteil von Telefonaten herausstellen.

✐ Im Gespräch erfährt man mehr voneinander.

✐ Im Gespräch ergibt ein Wort das andere.

✐ Im Gespräch stößt man auf Themen, die man normalerweise noch nicht mal angedacht hätte.

So ein Telefonat lässt im besten Falle aus einem unaufgefordert eingesandten Manuskript eine Anforderung werden. Der Lektor wird nun zwar nicht gerade auf Ihren Text warten, aber er wird sich vermutlich an das Gespräch erinnern und doch ein wenig neugierig sein.

Andernteils kann es natürlich auch passieren, dass Sie nicht die geringste Lust auf und nicht die geringste Qualifikation für die gesuchte Geschichtenart verspüren. Dann sollten Sie sich auf keinen Fall verbiegen. Man muss auch wissen, was man nicht kann.

Meine Gedanken spazierten in die verschiedensten Richtungen, und so entstanden auch recht verschiedene Geschichten, die allesamt nur eines gemeinsam hatten: Man konnte sie recht gut des Abends am Bett eines Kindes vorlesen.

Drei von diesen Geschichten schickte ich – quasi als Kostprobe, wie ich es auch im Begleitschreiben erklärte – an den besagten Verlag. Gute fünf (!) Monate, in denen ich zwar nicht untätig blieb, aber doch zunehmend verzagter wurde, vergingen.

- Wenn Sie erfahren, dass ein Verlag eine ganz bestimmte Art Geschichten sucht, lassen Sie sich davon motivieren.
- Wenn Sie feststellen, dass Sie mit der gesuchten Art Geschichten nichts anfangen können, lassen Sie es bleiben.

Lange Wartezeiten

Fünf Monate, eine lange Zeit! Wenn ich vom Schreiben hätte leben müssen, wäre ich in der Zwischenzeit verhungert.

Tatsächlich aber muss man als weniger bekannter Autor mit drastischen Wartezeiten rechnen. Lektoren haben nämlich noch jede Menge andere Dinge zu tun, als eingehende Manuskripte zu lesen. Sie kalkulieren und redigieren, sie arbeiten mit den Abteilungen Herstellung, Werbung und Vertrieb zusammen. Sie kümmern sich darum, wie Bücher aufgemacht und im Katalog platziert werden. Irgendwie stecken sie immer in der laufenden Produktion. Und müssen – ganz nebenbei – weitere Produktionen vorbereiten.

Was Sie als Autor machen können, was aber nicht unbedingt zu schnellerer Abwicklung führen muss:

Nach einer angemessenen Zeitspanne – vier bis sechs Wochen etwa – telefonisch nachfragen, denn

- ✎ es könnte immerhin sein, dass sich gerade Ihr Manuskript verschlüpft hat,

- ✎ es könnte sein, dass gerade Ihr Manuskript verloren gegangen ist,

- ✎ es könnte sein, dass man nun, wo man dran erinnert wird, gerade Ihr Manuskript als nächstes lesen wird.

Mir ist im Laufe der Jahre vieles passiert: Vom mysteriös verloren gegangenen Manuskript bis zum verlegten und vergessenen war wirklich alles geboten.

Der Extremfall: Ich hatte – wieder einmal telefonisch – einen Kontakt hergestellt. Ja, meine Idee klinge sehr interessant. Ja, ich solle meinen Text schicken. Ich tat, wie mir geheißen und schickte. Und hoffte. Doch ich hörte – wieder einmal – nichts. Nach einigen Wochen wurde ich unruhig. Warum ließ diese nette Frau denn nun gar nichts von sich hören? Zumindest absagen konnte sie mir doch? Sollte ich anrufen? Oder lieber doch warten? Schließlich wollte ich ja nicht aufdringlich sein. Die Vorstellung, die nette Dame raunte bei Nennung meines Namens ein genervtes „Die schon wieder!" in Richtung Kollegenkreis, ließ mich noch zögern.

Doch nach etlichen weiteren Wochen überwand ich mich. Was hatte ich schon zu verlieren? Ich rief also an und vernahm ein erschrockenes „Du lieber Himmel, Ihren Text habe ich vergessen!"

Wenig später kam die Rückmeldung, positiv, extrem positiv. Kurz gesagt: Die Sache wurde veröffentlicht, brachte mir Selbstvertrauen und mehr Geld, als ich damals je zu hoffen gewagt hatte.

Hätte ich nicht angerufen, wäre womöglich nie etwas daraus geworden.

Seit damals schiebe ich Skrupel forsch beiseite. Wenn mir danach ist, frage ich nach. Nicht nach einer Woche, auch nicht nach zweien. Aber nach einer angemessenen Zeit grundsätzlich. Selbst der Gedanke daran, mir einen erstklassigen Nervensägen-Ruf zu erwerben, lässt mich mittlerweile weitgehend kalt. Lieber zur Kenntnis genommene Nervensäge als vergessenes Mauerblümchen.

Zunehmender Schreiberfolg und zunehmende Vertrautheit mit Lektoren ließen mich im Laufe der Jahre immer wieder nachfragen, wie man die überaus langen und für Autoren so demotivierenden Wartezeiten verhindern könne. Fast immer fiel die Antwort sinngemäß so aus, wie Sie sie im folgenden Tipp nachlesen können.

> Lektorate bitte nicht ungeduldig tyrannisieren, ihnen aber doch immer wieder gemäßigt auf die Nerven gehen! Wer zu brav wartet, geht leicht unter.

Text angenommen – hurra!

Dann geschah das Wunder: Ein Brief traf ein, der nicht mit „Leider ..." begann. Stattdessen durfte ich klopfenden Herzens lesen:

„Sehr geehrte Frau Brosche,

vielen Dank für Ihr Schreiben vom ... und die Zusendung der Geschichten, die wir geprüft haben.

In unser geplantes Gute-Nacht-Geschichten-Buch würden wir gerne die Geschichte ... aufnehmen. ..."

Ich war überglücklich.

Ich störte mich weder daran, dass ich die ohnehin nicht sehr lange Geschichte um sieben Zeilen kürzen musste, noch an dem eher bescheidenen Honorar. Ich fand es einfach großartig, dass endlich, endlich eine Geschichte von mir (!) veröffentlicht werden würde. Das, worauf ich nun schon einige Monate hingearbeitet hatte, war wahr geworden.

Und nun hielt mich nichts mehr.

Wenn ein Verlag eine meiner Geschichten für veröffentlichungswürdig befunden hatte, dann konnte dies doch wohl nichts anderes bedeuten, als dass ich veröffentlichungswürdig schreiben konnte.

Dass ich mich damals so überaus freute über die Annahme einer so überaus kurzen und doch recht harmlosen Geschichte ist aus heutiger Sicht – auch bei einem Blick auf ebendiese Geschichte – doch wieder übertrieben. Andernteils ist so eine allererste Zusage eben etwas überaus Besonderes. Quasi der Startschuss zur Karriere! Zumindest aus der Sicht des jungen Autors.

Schließlich ist die Motivation fürs kreative Schaffen so wichtig. Die Glückshormone, die – übertriebenerweise zwar – in diesem Moment ausgeschüttet werden, bilden die Triebfeder zu neuen Taten. Und das ist gut so.

Lassen Sie die große Freude über die Annahme eines ersten Manuskripts zu und nutzen Sie sie als Triebfeder neuen Schaffens!

Kompromissbereitschaft zeigen

Apropos gut. Gut war auch etwas anderes, nämlich dass ich auf die Forderungen des Verlages eingegangen bin.

Natürlich hätte ich mich weigern können, meine Geschichte zu kürzen. Hätte darauf verweisen können, dass diese so und nicht anders meinen (!) Vorstellungen entspreche. Dass ich, die Künstlerin, nicht bereit sei, auch nur eines meiner wohl über-legten Worte zu entfernen.

Ich hätte auch um Geld feilschen können. Um bessere Ver-tragsbedingungen.

Was bei alldem herausgekommen wäre: Der Verlag hätte sich von meiner Geschichte und mir verabschiedet.

Wer keinen Namen hat, wer etwas produziert, was viele ande-re auch können – und die besagten Gute-Nacht-Geschichten waren nun mal nicht unbedingt die Crème de la Crème der Kinderliteratur – der kann nur allzu leicht ersetzt werden.

Doch selbst bei anspruchsvolleren Projekten empfiehlt es sich, Kompromissbereitschaft zu zeigen und auf die Kompetenz der Verlagsleute zu vertrauen.

Was selbstverständlich nicht heißen soll, sich und sein Werk verbiegen zu lassen. Jeder muss selbst entscheiden, wo die ganz persönliche Grenze der Anpassungsbereitschaft ist.

> Zeigen Sie sich Verlagen gegenüber kompromissbereit, aber biedern Sie sich nicht an!

Und so schrieb ich weiter.

Vorweg genommenes Publikum – eine liebe und kritische Person

Mit zunehmender Masse brauchte ich dringend eine Person, die sich geduldig durchlas bzw. anhörte, was ich geschrieben hatte. Eine Person, die kritisch war, ohne mich zu demontieren. Ich fand diese Person in Frau Schneider.

Frau Schneider war eine ehemalige Kollegin von mir, mit der mich schon seit langem eine Art Seelenverwandtschaft verband. Ungefähr zur gleichen Zeit, als sie in den Ruhestand verabschiedet wurde, verabschiedete ich mich selbst in den Mutterschutz. Wir trafen uns zunächst unregelmäßig, mit zunehmender Kinderzahl meinerseits dann immer regelmäßiger. Ein Tag in der Woche wurde zum Frau-Schneider-Tag, an dem sie mich in der Kinderbetreuung unterstützte, mit den Kleinen spielte, ihnen vorlas, kurz: zur Drittoma wurde. Zunehmend aber auch wurden die Frau-Schneider-Tage zu „Hast du wieder was Neues geschrieben?"-Tagen. Ihre sichtliche Freude an meinen unterschiedlichsten Textproduktionen, ihre stete Bereitschaft, sich mit allem, aber auch wirklich allem auseinanderzusetzen, was ich produzierte, ihre – trotz Kritik – Wertschätzung meinen Werken gegenüber, all dies hat großen Anteil daran, dass mir damals aufs Schreiben bezogen nicht die Luft aus- und die Lust verging.

Wer veröffentlichen will, schreibt für Publikum. Und deshalb tut es den meisten Autoren gut – natürlich mag es auch Genies geben, die auf derartige Korrektive nicht angewiesen sind, ja, sie geradezu ablehnen – wenn Menschen in ihrer Umgebung bereit sind, dieses Publikum vorwegnehmend zu „spielen".

Wer eine solche Person gefunden hat, kann sich glücklich schätzen. Leider muss man ganz klar sagen, dass viele Menschen, die von Berufs wegen nichts mit dem Schreiben zu tun haben, eher unkritisch und damit inkompetent sind. Es nützt nun einfach nichts, wenn Tante Elli jedes Ihrer Werke anbetet.

- Wenn Sie jemanden in Ihrem Bekanntenkreis haben, der sich Ihrer Werke wohlwollend, aber kritisch annimmt, dann hätscheln Sie ihn und halten ihn sich warm.

- Wenn Sie übers Schreiben – bei einem Autorentreffen, auf einem Fachseminar oder bei einer ähnlichen (oder ganz und gar anderen) Gelegenheit – eine solche Person kennen lernen, die dann zudem als Fachkraft zu bezeichnen wäre, dann springen Sie vor Freude an die Decke und sehen Sie zu, dass der Kontakt nie abreißt. Diese Person ist eine Kostbarkeit.

- Sollten Sie das Pech haben – und dieses Pech ist die Regel, denn solche Glücksbekanntschaften sind die Ausnahme – ohne die Unterstützung eines hauseigenen Kritikers erfolgreich werden zu wollen, dann können Sie
  - trotzig alleine weitermachen,
  - ständig auf der Suche nach geeigneten Personen sein,
  - verzweifeln,
  - oder einen Lektorats-Service (siehe Anhang) nutzen.

Lernzuwachs durch Fortbildungsveranstaltungen

In dieser Phase war es, dass ich in der an früherer Stelle erwähnten abonnierten Zeitschrift etwas las, das mir ins Auge stach. Ein Wochenend-Kinderbuchautorenseminar wurde da angeboten. Und ich wusste augenblicklich: Da muss ich hin.

Da das Seminar sich ausdrücklich an Bewohner meines Nachbarbundeslandes richtete, standen meine Chancen nicht allzu gut. Doch nach zähem Ringen und der Zusicherung, für alle Kosten selbst aufzukommen, erhielt ich die Zusage.

Ich konnte damals noch nicht wissen, wie wichtig derartige Fachseminare für junge Autoren sein können, aber ich handelte instinktiv richtig, indem ich darum kämpfte und es mich auch etwas kosten ließ, dabei sein zu dürfen.

Denn so ein Fachseminar – wenn es denn gut ist – bietet enorme Vorteile:

✐ Man lernt Fachleute aus der Branche kennen.

✐ Man lernt andere Jungautoren kennen.

✐ Man kann sowohl von den einen als auch von den anderen profitieren.

✐ Man wird über Dinge innerhalb weniger Stunden oder Tage informiert, die man andernfalls nie, wesentlich später oder auf wesentlich aufwändigere Art und Weise erfahren hätte.

✐ Man bekommt einen Überblick über die Branche.

Von Abschiedsschmerz gebeugt, verließ ich des Freitags Mann und kleine Kinder, um ein Wochenende unter wildfremden Menschen an einem wildfremden Ort in wildfremden Räumlichkeiten zu verbringen – einzig und allein mit den Zielen:

- Ich will Kinderbuchautorin werden.
- Ich will dazu lernen.
- Ich will wissen, was ich besser machen kann.

Während des Seminars ertappte ich mich immer wieder dabei, wie ich mich plötzlich nach den dicken weichen Ärmchen meines Säuglings oder dem Lächeln des Zweijährigen sehnte.

„Was tust du eigentlich hier?", fragte ich mich in solchen Momenten. „Bildest du dir allen Ernstes ein, dass aus dir eine Kinderbuchautorin werden kann? Kümmere dich lieber um deine Kinder!"

Um in der nächsten Sekunde wieder genau zu wissen, warum ich das alles auf mich nahm.

Ja, ich nahm tatsächlich so einiges auf mich:

Ich quetschte mich schüchtern unter Personen verschiedenen Geschlechts, die allesamt schon viel weiter waren als ich. Ich lauschte offenen Mundes den diversen Fachgesprächen über VS (ich wusste damals noch nicht einmal, dass es den Verband deutscher Schriftsteller gibt), über gehaltene Lesungen, über den Erfolg des jüngsten Buchprojekts. Und ich ertrug, wie an meinen Texten herumkritisiert wurde, heftig herumkritisiert wurde.

Allerdings durfte ich schon nach kurzer Zeit feststellen, dass dies auch all den anderen nicht erspart blieb. Nichtmals den Voll-Profis! Und dass die durch und durch konstruktive Kritik durchaus etwas brachte. Und – dass ich auch ein bisschen Lob bekam. Was mich natürlich kolossal motivierte.

- Sehen Sie sich nach Fortbildungsmöglichkeiten um.

- Lassen Sie sich diese – wenn es nicht anders geht – auch mal etwas kosten.

- Saugen Sie Wissen in sich auf.

Selbstverlag, Druckkostenzuschussverlag, Books on Demand

Natürlich lernte ich jede Menge dazu.

Wenn ich mich richtig erinnere, war es auch dieses Seminar, auf dem ich zum ersten Mal hörte, man solle sich von der Idee, eine Veröffentlichung via Selbstverlag oder Druckkostenzuschussverlag zu erreichen, am besten gleich wieder verabschieden.

Zunächst erklärte man uns natürlich, was das eine wie das andere konkret bedeutet:

🖉 Selbstverlag: Der Autor gründet selbst einen Verlag und veröffentlicht sein Werk in ebendiesem Verlag. Er kümmert sich demnach um alles – wie zum Beispiel Drucken, Binden, Vertrieb ... – selbst und trägt auch selbst das finanzielle Risiko.

🖉 Druckkostenzuschussverlag: Da es so viele Autoren gibt, die ihre Werke gerne veröffentlicht sehen würden, haben sich eine Reihe von Verlagen etabliert, die Bücher – meist ohne Ansehen von Qualität und Verkaufschancen – veröffentlichen, sich diese Veröffentlichung aber vom Autor heftig bezahlen lassen. Das heißt: Entweder bezahlt der Autor einen so genannten Zuschuss zu den Druckkosten oder er verpflichtet sich, eine größere Menge fertiger Bücher abzukaufen. Dies kostet ihn eine hübsche Stange Geld. Dass diese Verlage oft mit schönen Prospekten locken, darf nicht darüber hinwegtäuschen: Ein echter, ernstzunehmender Vertrieb findet nicht statt. Und: Wer im Druckkostenzuschussverlag veröffentlicht, tut seinem Ruf nichts Gutes.

Aber wer veröffentlichen will, tut einiges dafür. Und wenn dieses Einige nicht genug ist, beschreitet er manchmal auch umstrittene Wege.

Ich kann das gut verstehen.

Als sich bei mir einmal so gar nichts tun wollte, zog ich ernsthaft in Erwägung, eine Buchidee selbst zu verwirklichen. Ich wollte mein Buch selbst illustrieren lassen, selbst drucken lassen, selbst binden lassen und es anschließend selbst vertreiben. Ich habe damals Druckkostenvoranschläge eingeholt und erste Gespräche geführt, wo und wie sich mein Buch wohl verkaufen lassen würde.

Glücklicherweise ist es nie so weit gekommen. Ich vermute nämlich ganz stark, dass mir dieses Vorgehen viele Mühen, viele Kosten und extrem wenig Erfolg gebracht hätte.

Selbstverständlich können Sie das Buch, das Sie mit Herzblut geschrieben haben und für das sich nun partout nicht der richtige Verlag finden will, im Selbstverlag oder über einen Druckkostenzuschussverlag herausbringen.

Bedenken Sie aber bitte:

Es ist zwar für einen Anfänger sehr schwierig, „seinen" Verlag zu finden, aber normalerweise lohnt es sich, das eigene Werk diese Hürde nehmen zu lassen.

Wenn nämlich das Lektorat eines erfahrenen Verlages Ihr Manuskript für veröffentlichungsreif hält, heißt dies eben auch, dass erfahrene Fachleute Ihrem Werk zutrauen, sich auf dem Markt zu verkaufen.

Wenn Sie aber einen Druckkostenzuschussverlag mit der Veröffentlichung Ihres Werkes beauftragen, heißt dies zwar, dass es sicher veröffentlicht wird, aber es heißt auch, dass es keinerlei Hürde zu nehmen hat. Dem Druckkostenzuschussverlag nämlich kann es ziemlich egal sein, ob er Ihrem Werk Chancen einräumt. Sein Risiko ist gleich null, denn Sie, der Autor, übernehmen dies ja. Sie zahlen.

Ähnlich verhält sich die Sache, wenn Sie Ihr Werk im Selbstverlag veröffentlichen. Sie zahlen dann zwar womöglich weniger, aber Sie müssen sich auch um alles selbst kümmern: Lektorat, Korrektorat, Satzgestaltung usw. Und was fast noch schwerer wiegt: Auch in diesem Fall ist keine Hürde zu nehmen, niemand – außer Ihnen selbst – hat in Ihr Buch investiert, hat damit also gezeigt, dass er es Ihrem Buch zutraut, sich zu verkaufen. Sie zahlen, Sie tragen das finanzielle Risiko, Sie müssen sich darum kümmern, dass Ihr Werk unter die Leute kommt.

Näheres erfahren Sie unter *www.uschtrin.de/selbstverlag.html*.

Seit einiger Zeit gibt es nun eine weitere Art, Büchern den Weg an die Öffentlichkeit zu ermöglichen. Books on Demand heißt das Schlagwort. Books on Demand lässt Buchproduktionen mit einem wesentlich niedrigeren finanziellen Risiko starten, als dies bisher möglich war – dank Digitalisierung.

Das Verfahren ist das folgende:

Der Autor reicht sein Manuskript ein, zahlt eine gewisse Grundgebühr von einigen wenigen hundert Euro, entscheidet sich selbst für ein Format, bestimmt den Verkaufspreis selbst, gestaltet die Druckvorlage selbst.

Das Buch wird zunächst elektronisch gespeichert, der eigentliche Ausdruck der Buchseiten erfolgt erst, wenn eine Bestellung eingegangen ist – on demand also. In kürzester Zeit wird so ein Buch produziert. Vorteil der Methode: Keine festen Auflagen, keine Lagerkosten also!

Wer sich für Books on Demand interessiert, kann sich auf einer der folgenden Websites informieren:

www.libri.de
www.bod.de
www.xlibri.de
www.mv-verlag.de
www.videel.de
www.wege-zum-buch.de

Wer möchte, kann seinem Buch auch eine ISBN zuteilen lassen, sodass es bei vielen Buchhändlern bestellt werden kann.

ISBN – ausgeschrieben heißt dieses schöne Kürzel: International Standard Book Number. Nur mit dieser magischen Zahlenfolge also wird ein Titel in das Verzeichnis lieferbarer Bücher aufgenommen, sie gilt international. Jede Ziffer hat bei der ISBN eine bestimmte Bedeutung. So können ihr zum Beispiel geografisches Sprachgebiet und Verlag entnommen werden.

- Überlegen Sie es sich sehr gut, ehe Sie Ihr Buch im Druckkostenzuschussverlag, Selbstverlag oder als Book on Demand herausbringen.

- Bedenken Sie, dass es zwar schwieriger ist, Ihr Buch in einem renommierten Kinderbuchverlag erscheinen zu lassen, aber dass es auch Vorteile hat, wie zum Beispiel kritisches Lektorieren, Vertrieb, Werbung, ...

- Bedenken Sie außerdem, dass es Ihrem Ruf und damit weiteren Veröffentlichungen im Kinderbuchbereich dienlich ist, wenn Ihr Buch in einem renommierten Verlag erscheint.

Gefahr der Vereinsamung

Eine Äußerung einer erfahrenen Autorin und Lektorin in diesem Seminar ging mir noch lange im Kopf herum.

Wer den Weg des freien Autors einschlägt, sagte sie an alle Neulinge (von denen es, wie ich im Laufe des Wochenendes bemerkte, dann doch einige gab) gerichtet, der muss sich auf ein gehöriges Maß an Einzelkämpfertum einstellen, auch auf Einsamkeit. Keine Kollegen im eigentlichen Sinne weit und breit, alleine im stillen Kämmerlein.

Da ich selbst ein sehr kommunikationsfreudiger Mensch bin, machte mir diese Zukunftsvision doch ein wenig zu schaffen. Und irgendwie beschloss ich damals schon, das Meine zu tun, um das mit dem Einzelkämpfertum zu verhindern. Ohne mich selbst loben zu wollen, finde ich heute, dass mir das recht gut gelungen ist. Aber auch davon an späterer Stelle mehr.

Bemühen Sie sich von Anfang an, nicht als Einzelkämpfer aufzutreten, es sei denn, Sie wollen gerade dies.

Ansporn durch Lob

Wie gesagt, ich erfuhr auch Lob auf diesem ersten Seminar. Und das zielte in eine ganz bestimmte Richtung. Eine meiner Geschichten, so war die einhellige Meinung, sei etwas ganz Besonderes. In dieser Richtung solle ich weitermachen.

Und das tat ich.

Ich verfasste in der Folge eine Reihe ähnlicher Geschichten und war wieder einmal mächtig stolz auf mich. Ja, ich konnte etwas. Etwas, das nicht jeder konnte. Da war ich mir mittlerweile sicher.

Nichtsdestotrotz blieben die Erfolgserlebnisse rar, die Absagen und Niederlagen dominierten.

Doch eines Tages geschah genau das, was ich so heiß ersehnt hatte. Das Telefon schellte, und am anderen Ende meldete sich der Lektor eines Verlages, dem ich ein paar Wochen zuvor einen Packen Geschichten zugeschickt hatte. Was er mir mitzuteilen hatte, ließ mich entzückt niedersinken. Er bekomme Berge von unaufgefordert eingesandten Manuskripten, und die seien meist schlecht. Geschichten wie meine aber, und das müsse er mir ganz klar sagen, gäbe es unter 500 Einsendungen vielleicht gerade einmal. Er sei begeistert und wolle aus vielen dieser kleinen Geschichten ein Buch machen. Ich solle in diesem Stil weiter schreiben und ihn immer wieder beliefern. Ach ja, und in Kürze sei ja Kinderbuchmesse in Bologna und wenn ich da Lust hätte, solle ich doch mal vorbeischauen, da könne man sich gleich kennen lernen.

Und wie ich Lust hatte!

Ich schwebte auf den Wolken des Lobs und der Hoffnung. Tatsächlich traf in den nächsten Tagen eine Eintrittskarte für die besagte Messe bei mir ein, und ab diesem Moment war für mich jeder Zweifel ausgeräumt, dass es der besagte Herr nicht ernst gemeint haben könnte.

- Wenn Sie von kompetenter Stelle Lob erhalten, saugen Sie es begierig in sich auf und lassen Sie sich davon motivieren.

- Ruhen Sie sich aber nicht auf Ihren Lorbeeren aus, sondern bemühen Sie sich, noch besser zu werden.

➡ *Buchmessen – wo, wie und was?*

Tatsächlich schrieb ich weiter, tatsächlich fuhr ich wenig später nach Bologna. Mein lieber Ehemann erbot sich, Chauffeur zu spielen, meine Eltern übernahmen die Kinder.

Mit Gefühlen, die – rückblickend betrachtet – denen des Größenwahnsinns nicht ganz unähnlich waren, ließ ich mich nach Bologna kutschieren. Ein neuer Stern am Kinderbuchautorenhimmel war da ja wohl geboren worden. Sicher würde man mich mit gebührender Hochachtung empfangen, denn sonst hätte man mich ja nicht eingeladen.

Tat man aber nicht. Der besagte Herr war den ganzen Tag nicht zu sprechen. Termine, Termine, Termine ...

Natürlich wusste ich den Tag dennoch zu nutzen. Immerhin hatte ich hier ja nun endlich die ganze Palette der Kinderbuchverlage vor Augen. Gierig sog ich alles in mich auf, was es zu sehen gab, sammelte Verlagsprospekte – und versuchte, Gespräche zu führen. Sehr bald stellte ich fest, dass dies ein eher vergebliches Unterfangen war. Zeit für längere Unterredungen hatte ohnehin keiner, und das Interesse am aufgehenden Stern des Kinderbuchautorenhimmels hielt sich in Grenzen.

Dass Buchmessen nicht dazu da sind, aufgehende Sterne zu hofieren, hätte ich mir eigentlich denken können. Dachte ich mir aber nicht, denn ich hatte – ehrlich gesagt – nicht die geringste Ahnung von Buchmessen.

Mittlerweile weiß ich,

- dass die größte der Buchmessen – sie findet alljährlich im Oktober statt – die Frankfurter Buchmesse ist: *www.frankfurter-buchmesse.de*
- dass alljährlich im März eine Buchmesse in Leipzig stattfindet: *www.leipziger-buchmesse.de*
- dass die besagte Kinderbuchmesse in Bologna jedes Jahr im April besucht werden kann.

Letztere hat den großen Vorteil, dass sie eine reine Kinderbuchmesse ist – und den großen Nachteil, dass man bis nach Bologna fahren muss.

Wer zur Kinderbuchmesse Näheres wissen möchte, kann sich hier informieren:

www.bolognafiere.it/bookfair

Zumindest die aktuellen Daten dürften sich auch ohne größere Italienisch-Kenntnisse entnehmen lassen.

Neben diesen kommerziellen Messen gibt es alljährlich die KIBUM (Oldenburger Kinderbuchmesse), die von der Stadt Oldenburg, der Universität Oldenburg und der Volkshochschule Oldenburg ausgerichtet wird. Sie ist – laut eigener Beschreibung – eine der großen alljährlich stattfindenden Kinder- und Jugendbuchausstellungen und die größte nicht-kommerzielle Messe auf diesem Gebiet in Deutschland. Info unter: *www.oldenburg.de/veranstaltungen/index.html#messen*

Was ich inzwischen auch weiß, ist, dass kommerzielle Buchmessen für alles mögliche genutzt werden. Buchhändler wollen zum Messerabatt bestellen, Verlagsleute wollen Lizenzen für ausländische Buchproduktionen ergattern oder verkaufen, Autoren und Illustratoren wollen sich vorstellen ... All dies und noch viel mehr findet in Form von Gesprächen statt, und für diese Gespräche wiederum gibt es Termine.

Wie eng diese Termine gehalten sind, habe ich schmerzhaft erfahren, als ich vor ein paar Jahren die Frankfurter Buchmesse besuchte. Von zu Hause aus hatte ich telefonisch Termine mit verschiedenen Verlagen vereinbart, gleich morgens den ersten und dann einen nach dem anderen, bis ich dann noch ein bisschen Zeit haben würde, mich in Ruhe umzusehen.

Nun ergab es sich äußerst ungünstig, dass mein Zug Verspätung hatte. Ich feuerte den Taxifahrer – ja, ich gestattete mir ein Taxi, schließlich wollte ich meinen Termin unter allen Umständen halten – nach Kräften an, ich stand innerlich trommelnd und vibrierend an der Kasse, ich jagte gehetzt durch unzählige Gänge, erreichte endlich den vereinbarten Messestand, etwa zehn Minuten zu spät, stammelte schwitzend und schnaufend eine Erklärung – um von der betreffenden Lektorin zu erfahren, dass sich das Gespräch nun nicht mehr lohne. Sie habe in fünf Minuten ihren nächsten Termin und der sei in Halle ... , da könne sie nicht überziehen. Wir versuchten einen Ersatztermin zu finden, doch dies stellte sich als äußerst mühsam heraus. Die einzige Uhrzeit, die sie noch zur Verfügung hatte, war bei mir schon vergeben. Schließlich vereinbarten wir, ich solle einfach noch mal vorbeischauen. Dies tat ich mehrmals in den kleinen Lücken, die sich zwischen meinen Terminen manchmal so ergaben, und einmal klappte es dann auch. Allerdings musste ich mich förmlich dazwischen werfen, denn außer mir kämpften noch andere um einen Spontan-Termin.

Der Vorteil des Unternehmens lag dennoch auf der Hand: Ich hatte doch recht viele Termine an einem Tag erledigt.

Was ich inzwischen auch noch weiß: Wie sehr man sich auf den Besuch einer Buchmesse freuen und wie schrecklich deprimiert man von diesem Besuch zurückkehren kann. Nirgendwo sonst wird einem Kinderbuchautor – gerade wenn er sich noch am Anfang seiner „Karriere" befindet – so deutlich vor Augen geführt, dass die Welt gerade auf ihn nicht gewartet hat. Eine derartige Fülle von – nicht nur, aber auch – gut gemachter Kinderliteratur kann auf Selbstwertgefühl und Motivation geradezu vernichtend wirken. Kurzfristig. Langfristig gesehen, hat mich persönlich jeder Messebesuch auch wieder ein Stückchen weiter gebracht. Alleine das Studium der verschiedenen Verlagsprospekte – in Ruhe, zu Hause – wirkte inspirierend auf mich. Nicht nur einmal resultierte aus dieser Inspiration inklusive Information eine erfolgreiche Bewerbung bei einem Kinderbuchverlag.

Übrigens habe ich den Messebesuch immer dann seelisch recht unbeschadet überstanden, wenn ich nicht alleine unterwegs war. Gemeinsamkeit macht auch unter Autoren stark – und wenn es nur gemeinsames Lachen oder Lästern ist.

- Besuchen Sie eine oder mehrere Buchmessen, aber erwarten Sie nicht zu viel von diesem Besuch.

- Nutzen Sie den Besuch zur Information und Inspiration, wenn möglich auch zur Kommunikation.

- Rechnen Sie von vorneherein mit der kurzfristig deprimierenden Wirkung eines Besuches.

- Besuchen Sie die Messe – wenn möglich – mit einer seelenverwandten Person.

Wie sieht die Arbeit in einem Verlag aus?

Ein paar Kontakte gelangen mir damals bei meinem ersten Besuch in Bologna dann doch.

Zum Beispiel einer, der sich sehr viel versprechend anließ. Ich hatte nämlich zu Hause ein ganz neues Bilderbuchprojekt entwickelt, zu welchem das besagte junge Illustrationstalent ein paar Entwürfe gefertigt hatte. Mit diesen wedelte ich heftig in Bologna, und siehe da, bei einem Verlag, der meines Wissens einen recht guten Ruf genoss, gelang es mir, Aufmerksamkeit zu erregen. Doch, meinte die Lektorin, sowohl meine Idee als auch die Probeillustrationen sagten ihr sehr zu. Allerdings sei es bei all der Messehektik nicht möglich, sich ein differenziertes Bild zu machen, ich solle ihr deshalb meine Unterlagen in den Verlag schicken.

Was ich selbstverständlich tat. Worauf ich innerhalb weniger Tage Antwort bekam.

Auch ohne Messehektik, durfte ich lesen, sehe die besagte Lektorin ein viel versprechendes Bilderbuch vor sich. Ehe es aber in die nächste Phase gehe, müsse die Meinung der Kollegen eingeholt werden. Sobald dies geschehen sei, sage sie mir Bescheid.

Wieder einmal fand ich mich auf Wolke Sieben ein.

Wenn ich damals schon gewusst hätte, wie es in den Verlagen zugeht, wäre ich nicht so siegessicher und euphorisch gewesen. Ich dachte einfach: Wenn eine Lektorin so begeistert ist, dann kann doch eigentlich nichts mehr schief gehen.

Ich wusste – wie gesagt – nichts über das Innenleben der Verlage. Ich wusste nicht, dass in den allermeisten Fällen kein Lektor alleinherrlich über Gedeih und Verderb von Manuskripten bestimmen kann. Ich wusste auch nicht, dass das Manuskript selbst dann noch weit entfernt von einer Annahme ist, wenn es schon bei einigen Lektoren Gnade gefunden hat.

Nach meinen Erfahrungen in all den Jahren als Autorin wird ein Lektor kaum das Risiko eingehen, ein Manuskript anzunehmen, nur weil es ihm persönlich gefällt. Er wird zunächst einmal im Kollegenkreis die Meinung der anderen einholen. Wenn ein oder mehrere erfahrene Kollegen die Nase rümpfen, wird er sich aller Wahrscheinlichkeit nach schon nicht mehr so sicher sein, dass er das Buch mit Ihnen machen möchte. Immerhin geht er ja ein enormes Risiko ein. Wenn das Buch, das er unbedingt machen wollte, ein Misserfolg wird, wird dies zu einem bestimmten Maß auch sein Misserfolg sein.

In vielen Verlagen finden immer wieder so genannte Redaktionskonferenzen statt, bei denen unter anderem auch neue Projekte vorgestellt und kritisch besprochen werden.

Mir selbst ist es – leider – schon passiert, dass ein Buchprojekt genau an dieser Hürde scheiterte. Die zuständige Lektorin, eine sehr erfahrene Frau, hatte mir bestätigt, dass es auf dem Markt großen Bedarf für das von mir vorgeschlagene Thema gebe, und sie hatte sich äußerst angetan über meine Idee und deren Ausführung gezeigt. Die Redaktionskonferenz hatte dies ganz anders gesehen. Die betreffende Frau hatte sich mit ihren Argumenten nicht durchsetzen können, war darüber wohl auch nicht sehr glücklich gewesen, aber es kam eben nicht zum Vertrag.

In manchen Verlagen will auch der Ressort- oder sogar Verlagsleiter persönlich gefragt werden. Was man ihm nicht übel nehmen kann, denn auch er geht ja mit jedem Buch ein nicht zu unterschätzendes Risiko ein.

Wenn nun aber die besagten Kollegen und die besagte Redaktionskonferenz und der besagte Leiter ihr Okay gegeben haben, muss dies noch immer nicht heißen, dass das Manuskript nun zum Buch wird.

Die Vertreterkonferenz

Ein anderes magisches Wort taucht nun auf, bedrohlich, wie ich aus meiner heutigen Erfahrung sagen muss: die Vertreterkonferenz. Wenn früher dieses Wort fiel, hatte ich so gar nicht das Gefühl von persönlicher Betroffenheit. Heute schon. Heute bekomme ich das große Schlottern. Tatsächlich ist es mir nämlich auch schon passiert, dass ein Projekt dieser Institution zum Opfer fiel.

Tja, was heißt das nun, Vertreterkonferenz? Ich wusste damals natürlich, dass Bücher nicht von selbst ihren Weg in die Buchhandlungen finden. Ich wusste also auch, dass es Verlagsvertreter gibt, die die Neuerscheinungen des Verlages den Buchhandlungen vorstellen. Was ich nicht wusste: Jedes Jahr zweimal, nämlich vor den Frühjahrs- und vor den Herbstneuerscheinungen, treffen Vertreter und Lektoren aufeinander. Die Aufgabe der Lektoren ist es nun, den Vertretern ihre Neuerscheinungen vorzustellen und schmackhaft zu machen. Die Aufgabe der Vertreter ist es, diese Neuerscheinungen kritisch in die Zange zu nehmen. Und zwar nicht kritisch in Bezug auf ihre literarischen Qualitäten, nicht kritisch in Bezug auf ihre Originalität, nicht kritisch in Bezug auf das nette junge Genie, das hinter einer dieser Neuerscheinungen steht, nein, kritisch einzig und alleine in Bezug auf ihre Markttauglichkeit, auf ihre Verkaufschancen also.

Wenn die Vertreter der Meinung sind, ein bestimmtes Buch lasse sich nicht verkaufen, weil

✐ das Thema zu ausgefallen ist,

✐ Bücher mit ähnlichem Thema oder Titel sich in jüngster Zeit zunehmend als Ladenhüter erwiesen haben,

✐ das Buch zu teuer ist,

✐ der Autor zu unbekannt ist,

kurz, wenn die Vertreter glaubhaft versichern, dass sie das Heer der Buchhändler nie und nimmer zur Abnahme dieses neuen Buches bewegen werden können, dann ist dies mit großer Wahrscheinlichkeit das Aus für das neue Buch. Das Risiko, ein Buch gegen das Veto der Vertriebler ins Rennen zu schicken, wird normalerweise nicht eingegangen. Und da hilft weder ein Vertrag noch ein fertiges Manuskript.

Damit dieser Fall aber nach Möglichkeit nicht eintritt, damit also ein vertraglich abgesichertes, fertiges Buch nicht kurz vor seinem Weg in die Buchhandlungen rüde verstoßen wird, versuchen Lektoren die Argumente der Vertreter vorweg zu nehmen, ein Buch quasi mit den Augen eines Leid geprüften Buchvertreters zu sehen.

✐ Was könnte dieser dagegen einwenden?

✐ Welch negative Erfahrungen könnte er mit diesem Thema schon gemacht haben?

✐ Hat er nicht kürzlich erst erzählt, dass gerade dieser Aspekt in einem Kinderbuch nie vorkommen dürfe?

✐ Hat er nicht davon gesprochen, dass gerade in dieser Art ein Titel nie formuliert sein dürfe?

Und diese Argumente werden dann berücksichtigt!

Im Laufe der Jahre nistet sich dieses Korrektiv „Vertreterkonferenz" auch in vielen Autorenhirnen ein. Zu oft haben sie von Verlagsseite schon zu hören bekommen, dass dies und jenes nicht „gehe", sich nicht verkaufen lasse. Wenn Autoren dies tun, nämlich die Verkaufsargumente zumindest zulassen, dann ist dies keine Anbiederung an den Massengeschmack, sondern reine Überlebensstrategie. Denn was sie wollen, wenn sie ehrlich sind, ist verkaufen. Wer davon spricht, ein Buch nur auf den Markt bringen, es aber nicht verkaufen zu wollen, der macht sich doch wohl selbst etwas vor.

Natürlich ist es nicht nötig, dass jedes Buch zum Bestseller wird – obwohl der Autor erst gefunden werden muss, der bei der Vorstellung, einen Bestseller verfasst zu haben, ins Lamentieren gerät. Natürlich kann und soll man sich nicht so an den Markt anpassen, dass nur noch Bücher mit Verkaufszahlen von einigen zigtausend ein Lebensrecht zugesprochen bekommen. Ganz abgesehen davon, dass nie vorhersehbar ist, was in der kommenden Saison zum Verkaufsschlager werden wird.

Aber, um es noch einmal zu sagen, wenn im Vorhinein der Verkaufsmisserfolg nach Kräften ausgeschlossen wird, dann kommt dies beiden zugute, Verlag und Autor.

- Spielen Sie es als Autor doch zunächst einmal mit sich selber durch:
  - Warum wollen Sie gerade dieses Buch machen?
  - Was erhoffen Sie sich von dieser Thematik?
  - Warum könnten Massen von Jungen und Mädchen Lust haben, dies zu lesen?
  - Warum könnten Massen von Buchhändlern Lust haben, dieses Buch zum Kauf zu empfehlen?
- Und spielen Sie all dies bitte mit sich durch, bevor Sie es bei Verlagen versuchen.

Der Weg des angenommenen Manuskripts

Zurück zur Annahme Ihres Manuskripts. Wenn nun also der glückliche Fall eingetreten ist, dass der Verlag mit Ihnen ein Buch machen möchte, ist die Arbeit selbstverständlich noch nicht abgeschlossen.

Der Lektor wird Ihr Manuskript nun lektorieren, das heißt, er wird es in erster Linie auf inhaltliche und sprachliche Schwächen hin abklopfen. Manche Verlage reichen angenommene Manuskripte übrigens auch an Außenlektoren weiter, die – meist von zu Hause aus – freiberuflich arbeiten. Normalerweise gibt es nach der Lektorenarbeit erst einmal wieder Arbeit für Sie. Sie werden vielleicht nicht auf alle Einwände eingehen, Sie werden sich vielleicht nicht aller Kritik beugen, aber Sie werden sich – wenn Sie klug sind – auch nicht allem verschließen. Irgendwann müsste – in einem steten Hin und Her – das Manuskript fertig sein. Auf Rechtschreib-, Satzzeichen-, Druckfehler hin wird es übrigens meist von einem speziellen Korrektor durchgesehen. Übrigens sollte nicht so unendlich viel Nachbereitung nötig sein, um Ihr Manuskript druckreif zu machen.

Während Sie vielleicht gerade mit der Überarbeitung beschäftigt sind – und es wäre eben wünschenswert, dass dies nicht Ihre siebte Überarbeitung ist – wird der Lektor Kontakt mit der Abteilung „Herstellung" aufnehmen. Diese Herstellung macht sich Gedanken, wie viele Seiten, wie viele Illustrationen, welche Ausstattung, welchen Umschlag Ihr Buch bekommen wird, sie holt verschiedene Angebote von Druckereien ein, sie kalkuliert den Preis.

In einer eigenen Titelkonferenz wird über den Titel eines Buches entschieden. Sie als Autor haben sich mit Sicherheit hierzu bereits Ihre Gedanken gemacht. Ob der Verlag allerdings auf Ihre Vorschläge eingeht, ist die zweite Frage. Immerhin soll der Titel ja zum Kauf des Buches verlocken.

Neben den bereits angesprochenen Stationen eines Verlages sind da noch die Abteilungen Werbung, Presse und Vertrieb, die sich allesamt darum bemühen, Ihr Buch unter die Leute zu bringen.

Programmänderungen im Verlag

Da ich also dies alles noch nicht wusste, wartete ich äußerst zuversichtlich auf die Zusage zu dem in Bologna initiierten Bilderbuchprojekt.

Nur wenige Tage vergingen, bis wieder Post kam. Ach ja, da hatten sich die Kollegen wohl sehr schnell ein Bild gemacht! Lächelnd öffnete ich das Kuvert. Und erstarrte. Denn ein Wort sprang mich förmlich an: „Schade." Ungläubigen Blickes las ich den Brief von Anfang an und erfuhr von einer völlig neuen Linie, die der Verlag justament jetzt einzuschlagen beschlossen habe und in die meine Geschichte nun leider gar nicht passe. An dieser Stelle fand sich das besagte „Schade".

Tja, das hatte ich eben auch nicht gewusst. Dass es immer wieder recht plötzliche Programmänderungen in den Verlagen gibt.

Ganz abgesehen davon, aus welchen Gründen man mein Projekt in dem besagten Verlag nicht verwirklichen wollte:

Verlage ändern immer wieder mal Teile ihres Profils. Stellen eine Reihe ein, weiten die andere aus. Trennen sich von Segmenten, nehmen andere auf.

Abhängig meist davon, was die Vertreter rückmelden und die Verkaufszahlen verraten.

> Bedenken Sie bei allem, was Sie zum Zwecke der Veröffentlichung schreiben, dass die Verlage es **verkaufen** wollen.

Hilfe, es tut sich gar nichts mehr!

Es folgte der Verweis auf einen anderen Verlag, in dessen Programm mein Manuskript passen könne.

Enttäuschung machte sich breit, bodenlose Enttäuschung.

Dann arbeitete ich weiter an den Geschichten, die mir der besagte Herr des besagten anderen Verlages so sehr ans Herz gelegt hatte. Ich hatte es zwar recht befremdend gefunden, dass er mich trotz all der schönen Worte und trotz der schönen Einladung auf der Kinderbuchmesse keines Blickes gewürdigt hatte. Aber ich nahm es selbstverständlich nicht persönlich. Weil ich selbstverständlich weiter an meinen großen Erfolg glaubte. Doch es tat sich in Folge nichts Konkretes. Eine gehörige Portion Frust bemächtigte sich meiner. Ich verstand nicht, wie das alles passieren konnte.

Für eine ganze Weile tat sich schlicht gar nichts mehr.

Na ja, ich hatte ja meine zwei Süßen. Ich hatte meine Schreibgruppe, die sich aus jenem ersten Volkshochschulseminar entwickelt hatte, und die mir viel bedeutete. Und ich hatte einen kleinen Job: Zweimal die Woche Hausaufgabenbetreuung an meiner ehemaligen Schule!

Ich denke, es war ganz gut, dass ich nicht vollkommen fixiert war auf meine Hoffnung den schriftstellerischen Erfolg betreffend. Andernfalls hätten sich bei mir nun nach so vielen Misserfolgen wohl allmählich Lähmungserscheinungen breit gemacht. All meine anderen Freuden und Pflichten bewirkten dann aber glücklicherweise, dass ich nicht – bewegungsunfähig und starr à la Kaninchen – abwartete und zunehmend verzagte. Stattdessen führte ich mein ganz normales Lebens, fing wieder ein kleines bisschen an, erwerbstätig zu sein – und schrieb weiter.

- Lassen Sie sich nicht lähmen vom Misserfolg.
- Fixieren Sie sich nicht zu sehr auf Ihre Hoffnung, erfolgreich zu werden!

Zeitschriften

Von einem dieser Nachmittage, an denen die Kinder wechselweise von Frau Schneider und einer der beiden Omas betreut wurden, brachte mein Ältester eine Kinderzeitschrift mit nach Hause. Während wir sie gemeinsam durchblätterten, hatte ich plötzlich eine Idee. Vielleicht böte solch eine Kinderzeitschrift ja eine Plattform für meine Geschichten?! Kurzerhand rief ich in der Redaktion an und stellte mich und mein Anliegen vor. Die Reaktion war niederschmetternd. Mit ernüchternder Ehrlichkeit ließ mich die Chefredakteurin wissen: Menschen, die aus dem Lehrberuf kämen und meinten, sie könnten für Kinder schreiben, gäbe es wie Sand am Meer. Schon viele meiner Art hätten sich bei ihr beworben und das Eingesandte sei für eine Veröffentlichung immer zu schlecht gewesen. An einer Zusendung meiner Manuskripte sei sie demnach nicht interessiert.

Irgendwie ließ ich mich nicht sofort abwimmeln und irgendwie gelang es mir, sie wissen zu lassen, dass ich nicht nur für Kinder schrieb. In eingangs erwähntem Schreibkurs hatte ich nämlich kürzlich eine Art Glosse verfasst und war recht zufrieden damit gewesen. Dass ich aus dem engsten Verwandtenkreis, in dem ich ebendiese Geschichte zum Besten gegeben hatte, den aufmunternden Rat erhalten hatte, mich lieber wieder dem Töpfern zuzuwenden (dies war eines meiner Hobbys vor der Beurlaubung gewesen), konnte mich nicht beirren. Und so pries ich mich an als eine, die auch humorvolle Geschichten aus dem Mutterleben schrieb. Ja, hieß es da zu meiner Überraschung, das sei durchaus interessant. Man sei gerade dabei, die Kinderzeitschrift mit einem Innenteil für Eltern aufzupeppen. Ein fester Bestandteil dieses Elternheftes solle eine Mutter-/Vater-Kolumne mit wechselnden Autoren werden. Ich solle mal ein paar Texte schicken.

Wieder ein grandioser Vorteil von Telefonaten! Im Gespräch sich etwas ergeben lassen ... Und ein grandioser Vorteil von gemäßigter Selbstdarstellung. Hätte ich nicht die Bemerkung mit den Mutter-Geschichten gemacht, hätte ich nicht gezeigt, dass ich mehr kann – woher hätte die Chefredakteurin es wissen sollen?

Wohlweislich verschwieg ich, dass ich nicht ein paar Texte, sondern exakt einen in der Schublade hatte und verfasste in den nächsten Tagen höchst motiviert keine Texte für, sondern über Kinder. Ohne allzu große Hoffnung schickte ich sie los – um nach wenigen Tagen schon Reaktion zu erhalten. Die Texte seien alle gut, man wolle sie gerne veröffentlichen. Das Honorar betrage ..., der Fotograf komme am ... .

Ich war baff. Und beschloss, dass diese Schiene nicht die schlechteste war. Immerhin bot mir mein Mutterleben jede Menge Stoff.

Wenig später kam mir eine Elternzeitschrift in die Hände, die ich aus mehreren Gründen abonnierte. Erstens schienen mir die Beiträge rund ums Erziehungsgeschehen sehr vernünftig, zweitens gefiel mir der Kinderteil und drittens widmete sich diese Zeitschrift in recht erheblichem Maße der aktuellen Kinderliteratur.

Bereits nach wenigen Ausgaben wusste ich: Hier gibt es eine Rubrik mit Geschichten aus dem Elternleben. Und ich wusste: Hier werde ich es auch versuchen.

Ich stellte also wieder einmal telefonisch den Kontakt her, vernahm die Aufforderung, ein paar Kostproben zu schicken und erhielt – wieder nur wenige Tage später – einen Anruf des Chefredakteurs. Meine Geschichten seien gerade auf seinem Schreibtisch gelandet und er finde sie schlichtweg gut. Er wolle sie alle haben. Das Honorar betrage ... und ob ich passende Fotos habe.

Wieder war ich baff. So einfach war das auf einmal.

Fortan produzierte ich Mutter-Glossen am laufenden Band, fand schließlich noch eine dritte Zeitschrift, die meine Geschichten drucken wollte und war eigentlich recht zufrieden.

Ein zweites Standbein

Was sich bei vielen Autoren, die ich kenne, als Vorteil erwiesen hat, ist das viel zitierte zweite Standbein, die zweite Schiene. Bei mir waren es die Texte für Erwachsene, bei anderen war es die Arbeit für den Hörfunk, bei wieder anderen war es das literarische Übersetzen.

Was auch immer es ist, es bewirkt, dass sich ein Autor nicht ausgeliefert fühlt, dass er Misserfolge auf einem Gebiet besser ertragen kann, dass er auch finanziell nicht auf eine Schiene angewiesen ist.

Als ganz persönlicher Vorteil für mich hat sich auch erwiesen:

Wenn ich an einem aktuellen Kindertext gerade nicht weiterkam, dann wandte ich mich flugs dem anderen Standbein zu. Meistens lief die Arbeit dann hier wieder besonders gut. Und kaum hatte ich diese andere Art von Textarbeit eine Weile getan, war ich plötzlich wieder ganz wild auf meinen Kindertext.

Versuchen Sie sich ein zweites – literarisches – Standbein zuzulegen.

Kinderrundfunk und Kinderfernsehen

Die Sache mit der Kinderliteratur aber ließ mich nicht los. Ich hatte ständig Ideen, produzierte lustig weiter und hatte eher wenig Erfolgserlebnisse. Kühn bombardierte ich auch Kinderrundfunk und Kinderfernsehen mit meinen Werken, doch die konnten sich nicht dafür begeistern.

Hier schoss ich eindeutig übers Ziel hinaus. Mir fehlte einfach noch das richtige Gefühl für die Qualität meiner Arbeit. Ich kannte eben aus dem Fernsehen ein paar gute Programme für Kinder und ich hatte eben ein paar – in meinen Augen – gute Geschichten für Kinder. Dass die Qualitätssendungen für Kinder nicht gerade darauf warten, von absoluten Newcomern beliefert zu werden, ist eigentlich verständlich. Aber damals stürzte ich mich einfach auf alles, was Hoffnung auf Veröffentlichung verhieß.

Rührig sein – in Ordnung. Kontakte knüpfen – in Ordnung. Aber alles mit Maß und Ziel!

Ein Wink des Himmels

Dann tat sich etwas für mich Großartiges. Die besagte Chefredakteurin, die mich in punkto Kinderliteratur so rüde abgeschmettert hatte, ließ mir eine Kopie der folgenden Ausschreibung zukommen:

AutorInnen gesucht

Es werden AutorInnen gesucht, die Lust, Zeit und Interesse haben, beim Aufbau und bei der Profilierung des soeben gegründeten Kinder- und Jugendbuchverlages ... mitzuwirken. Engagierte Autorinnen und Autoren, die sich durch das Verlagsprogramm ... angesprochen fühlen, wenden sich mit Manuskripten und/oder Ideen bitte an ...

Dies schien mir wie ein Wink des Himmels. Zum einen hielt mich die Redakteurin nun wohl doch nicht mehr für gar so unbegabt, sonst hätte sie sich wohl nicht die Mühe gemacht, mir die Kopie zu schicken. Zum anderen schien dieser junge Verlag ja förmlich auf mich zu warten. „Engagierte Autorinnen!" Und wie engagiert ich war!

Ich rief also, wie es meine Art ist, zunächst einmal an und traf auf eine äußerst angenehme, kompetente Frau. Es zeigte sich im Gespräch sehr schnell, dass das, was ich bisher produziert hatte, nicht so recht in ihr Programm passte, aber – und das tat mir enorm gut – sie ermunterte mich, dennoch ein paar Kostproben zu schicken. Der wenige Tage später eintreffende Antwortbrief verblüffte mich vollends. Diese engagierte Frau hatte, das war unverkennbar, alle meine Texte gelesen und lieferte mir konkrete Ratschläge. Warum und wie ich noch einiges verbessern könnte, schrieb sie mir detailliert.

Mehrerlei war so besonders an diesem Antwortbrief:

✐ Er kam nach wenigen Tagen.

✐ Er war weit mehr als eine Absage.

✐ Er lieferte mir konstruktive, fachkundige Kritik.

Und dies war ein Glücksfall!

Vermutlich war diese junge Verlagsgründerin tatsächlich noch nicht so überhäuft mit Arbeit wie eine in ihre Projekte eingebundene, fest angestellte Lektorin, aber dennoch hätte sie sich die Sache leichter machen können. Schließlich zeichnete sich für sie keinerlei Vorteil ab. Meine Geschichten passten nun mal nicht in ihr Verlagsprofil.

Wenn Ihnen eine Person dieser Ausprägung über den Weg läuft, halten Sie sie gut fest. Sie ist Gold wert.

Obwohl auch diesmal nicht zu übersehen war, dass es sich um eine Absage handelte, fühlte ich mich regelrecht beglückt. Ich war mir ganz sicher, dass sich nun etwas zum Guten ändern würde. Den Kontakt zu besagter Verlagsgründerin habe ich in den folgenden Jahren übrigens gehalten, und außer etlichen erfreulichen Gesprächen entwickelte sich für mich sehr viel später und unter veränderten Bedingungen daraus ein konkretes Buchprojekt.

Kontakte durch die zweite Schiene

Ungefähr gleichzeitig erreichte mich durch eine „meiner" Zeitschriften die Nachricht, dass ein namhafter Kinder- und Erwachsenenbuchverlag dringend Buchbeiträge zu einem aktuellen Thema suche.

Auch für dieses Buch wurde sofort akzeptiert, was ich mir aus Mutter-Sicht so von der Seele schrieb. Da sich der Kontakt mit der betreuenden Redakteurin sehr angenehm anließ, konnte ich es mir nicht verkneifen, bei einem unserer Abschlussgespräche auf meine Textproduktionen für Kinder hinzuweisen. Tja, war die Antwort, das sei nun eine ganz andere Sache. Erstens sei da eine Kollegin zuständig und zweitens seien die Chancen auf dem Kinderbuchmarkt sehr schlecht. Ich könne ihr aber gerne ein paar meiner Geschichten schicken, sie leite sie dann weiter. Natürlich schickte ich, natürlich rechnete ich mittlerweile nicht mehr allzu sehr mit Erfolg.

Doch dann erhielt ich einen Anruf: Diese Geschichten seien wesentlich besser, als sie gedacht habe und als das, was der Verlag an unaufgefordert eingesandten Manuskripten erhielte, sie hätten das Zeug zur Buchveröffentlichung, aber – es müsse noch dies und jenes abgesprochen, abgewartet und abgeklärt werden.

Wieder empfand ich eine Antwort, die noch alles andere als ein Erfolg war, als ermutigend.

Was sich bei mir immer wieder zeigte und was wohl uneingeschränkt verallgemeinert werden darf:

Persönliche Kontakte sind wichtig!

Mehrmals schon hatten sie mich in der letzten Zeit weiter gebracht.

✐ Hätte ich nicht guten Kontakt zur Chefredakteurin der ersten Kinder-Eltern-Zeitschrift gehalten, hätte sie sich nicht die Mühe gemacht, mich auf die Verlagsgründungsausschreibung hinzuweisen.

✐ Hätte ich nicht Kontakt zur Verlagsgründerin gehalten, wäre es nicht zu deren Ratschlägen und später zu einem Buch gekommen.

✐ Hätte ich nicht den Kontakt zu anderen Zeitschriften hergestellt, hätte mich die Kunde vom Buchprojekt, für das man Beiträge sucht, nicht erreicht.

✐ Hätte ich nicht guten Kontakt mit der das Buchprojekt betreuenden Redakteurin gehalten, wären meine Kindergeschichten nicht von ihr persönlich weitergeleitet worden, sondern im Stapel versunken.

Kontakte sind also unbestritten wichtig, aber:

Zu viel Hoffnung auf die Hilfe stellende Wirkung von Kontakten kann auch übertrieben sein. Manchmal „bringen" sie etwas, manchmal auch nicht, wie sich bei mir zum Beispiel im letzteren Fall später herausstellen sollte.

> Betrachten Sie Kontakte in der Branche als etwas, das sie sind: Eine Möglichkeit zu weiteren Veröffentlichungen, aber nicht die Garantie dafür.

Ich machte also weiter.

Und las beharrlich Frau Schneider vor.

Hartnäckigkeit – Schlüssel zum Erfolg oder Nervensägerei?

In dieser Phase erspähte ich in der von mir schon einmal erwähnten Fachzeitschrift folgende Ausschreibung:

Viertes Fortbildungsseminar für Kinderbuchautoren

Träger und Veranstalter war die Bertelsmann Stiftung in Zusammenarbeit mit dem Kulturwerk deutscher Schriftsteller e. V. und dem Verband Deutscher Schriftsteller (VS) in der IG Medien.

Das Programm des Seminars schien verlockend:

Vermittlung grundlegender Kenntnisse „kindgerechten" Schreibens, Erarbeitung von Kriterien und Formen, Textwerkstatt in Form von Referaten und Arbeitsgesprächen mit erfahrenen Kinderbuchautoren, Programmmachern und Pädagogen.

Teilnehmer sollten sein: Zwölf Autorinnen und Autoren, die die besondere Befähigung verspürten, für Kinder (bis zu zehn Jahren etwa) zu schreiben, und nach Möglichkeit bereits Publikationserfahrung hatten.

Ich hatte ebendiese Ausschreibung schon ein Jahr früher gelesen und mich recht kühn beworben. Einen guten Monat später war ein Brief mit folgendem Wortlaut eingetroffen:

Sehr geehrte Damen und Herren,
liebe Kolleginnen und Kollegen,

wir haben uns nach reiflicher Überlegung entschlossen,
das Vierte Kinderbuchautorenseminar abzusagen.

Es gab nicht genügend qualifizierte Bewerbungen.

In der Anlage erhalten Sie Ihr Manuskript zurück.

Mit freundlichen Grüßen

...

Die Absage damals vor einem Jahr hatte mich zum einen recht enttäuscht, zum andern aber war ich mir nicht sicher gewesen, ob mich die Begründung der Absage deprimieren oder aufmuntern sollte.

„Nicht genügend qualifizierte Bewerbungen" – das konnte heißen, dass der von mir eingesandte Beitrag zu schlecht war.

„Nicht genügend qualifizierte Bewerbungen" – das konnte aber auch heißen, dass es insgesamt zu wenig gute Texte waren. Höchstwahrscheinlich jedenfalls hatte es nicht alleine an meinem Beitrag gelegen, dass das Seminar nicht zustande gekommen war.

Nun also las ich die Ausschreibung ein Jahr später wieder. In der Zwischenzeit hatte ich mich ohne Zweifel weiter entwickelt. Warum sollte ich es nicht noch einmal versuchen?

In meinem Kopf spukte zwar eine kleine quälende Vision herum: die Vision von Lektoren, die Beiträge sichten und plötzlich gequält aufstöhnen: „Die schon wieder! Diese Niete haben wir doch letztes Jahr schon ausgemustert. Die hat wohl gar nichts kapiert."

Diese Vision ließ mich zögern. Aber sie hielt mich nicht ab.

Womöglich habe ich mit meiner Hartnäckigkeit im einen oder anderen Fall tatsächlich schon mal genervtes Aufstöhnen verursacht. Andernteils hat mir diese meine Hartnäckigkeit auch schon allerlei ermöglicht. Wäre ich schüchterner, zurückhaltender gewesen, hätte ich so manches nicht erreicht.

> Wenn es um Dinge geht, die Ihnen wichtig sind, seien Sie hartnäckig!

Wieder einmal nahm ich also all meinen Mut zusammen, bewarb mich und fühlte mich dann doch wie vom Donner gerührt, als die Zusage kam. Man hatte mich mit elf anderen Autoren aus dem gesamten Bundesgebiet ausgewählt! Ich konnte es nicht fassen. Ich war stolz, glücklich und ratlos. Wie sollte ich mich eine ganze Woche lang von meinen kleinen Jungen trennen?

Diesen Punkt hatte ich bei der Bewerbung schlicht verdrängt. Nun aber stand er als Problem riesengroß im Raum. Vor Aufregung konnte ich kaum mehr schlafen, der Konflikt beutelte mich schrecklich. Meine Kinder verlassen? Nein! Auf eine derartige Chance verzichten? Nein!

Unterstützung durch das persönliche Umfeld

Glücklicherweise erfuhr ich Unterstützung auf der ganzen Linie. Meine liebe Frau Schneider ließ nichts unversucht, mir klar zu machen, dass diese Woche eine einmalige Chance für mich sei und dass sie meinen Kindern kein bisschen schaden werde. Die Großeltern versprachen, den Ehemann nach Kräften in der Kleinkinderbetreuung zu unterstützen, und der wiederum sagte schlicht: „Fahr, wenn's dir so wichtig ist. Wir schaffen das schon."

Hier zeigte sich zum ersten Mal, dass im Alleingang nicht alles zu regeln ist.

Ich war zwar immer sehr bemüht gewesen, meine Umgebung recht wenig von Anspannung, Frust und Enttäuschungen einer Möchtegern-Autorin spüren zu lassen. Ich war auch stolz darauf gewesen, „mein" Ding – und als das betrachtete ich das Kinderbuch-Schreiben – alleine durchzuziehen. Nun aber stand ich vor der Wahl: Sollte ich meine nächsten Angehörigen weiterhin mit „meinen" Problemen verschonen und damit gleichzeitig auf eine große Chance verzichten? Oder sollte ich alles offen auf den Tisch legen und um Hilfe bitten?

Ich entschied mich für die zweite Möglichkeit. Und das war gut so.

Irgendwie freuten sich alle, mir helfen zu können. Und irgendwie schien es so, als tat das Helfen nicht nur mir, sondern auch ihnen gut.

Ich frage mich heute allerdings, was ich getan hätte, wenn man mir nicht so bereitwillig entgegengekommen wäre. Vermutlich wäre ich dann nicht gefahren. Aus heutiger Sicht denke ich aber auch, dass es richtig gewesen wäre, selbst dann zu fahren, wenn ich um Hilfe hätte winseln müssen.

Weil Chancen dieser Art kaum wiederkehren.

Nehmen Sie Hilfe an, wenn Ihnen etwas wirklich wichtig ist.

Und so fuhr ich.

Tage und Nächte vorher litt ich wie ein Tier unter der bevorstehenden Trennung, verfluchte wieder einmal meinen Ehrgeiz, bereitete alles für die Übergabe vor, packte ein, was mir wichtig schien (unter anderem auch einen Stapel Elternzeitschriften mit Beiträgen von mir, die zwar nichts mit Kinderliteratur zu tun hatten, aber zumindest beweisen konnten, dass ich schrieb und veröffentlichte, die daneben aber – wie ich während meiner Odyssee bis zum Veranstaltungsort schmerzhaft erfahren musste – äußerst schwer wogen) und setzte mich schließlich Montagmorgens todunglücklich in einen Zug Richtung Norden.

Ein Koffer voller Publikationsnachweise

Dass ich mit einer halben Wagenladung Zeitschriften reiste, war wieder einmal reichlich naiv.

Andernteils: Es tat mir gut. Es gab mir das Gefühl, jedem und jederzeit beweisen zu können, dass ich nicht mehr nur eine kleine, schreibende Mami war, die sich von Windeln und Kochtöpfen davongestohlen hatte, sondern eine – ja, eine Autorin eben.

Insofern war es psychologisch richtig, dass ich mit den Beweisen meines schriftstellerischen Schaffens auf Reisen ging. Es verlieh mir tatsächlich Selbstbewusstsein. Andernteils werden gerade echte Profis wohl kaum mit einem zentnerschweren Koffer voll eigener Erzeugnisse reisen.

In meinem Fall hätten es auch Kopien der betreffenden Artikel getan. Diese hätten mit Sicherheit nicht weniger professionell gewirkt – und sie wären leichter zu tragen gewesen.

Ganz abgesehen davon, dass sich eine Woche lang niemand für diese meine Veröffentlichungsnachweise interessierte. Meine Glaubwürdigkeit schien auch so unangekratzt, bereits vorhandene Publikationen wurden wohl als eher selbstverständlich vorausgesetzt.

Hätte ich tatsächlich schon Kinderbuchveröffentlichungen vorzuweisen gehabt, wären diese aller Wahrscheinlichkeit nach auf größeres Interesse gestoßen.

- Wenn Sie jenseits der guten Stube zeigen wollen, dass und was Sie schon veröffentlicht haben, überlegen Sie gut, was Sie mitschleppen. Nicht alles lohnt sich.

- Haben Sie schon einige Bücher veröffentlicht, beschränken Sie sich auf das in Ihren Augen Wichtigste, Beste, Ausdrucksstärkste, Passendste.

Eigene Grenzen überschreiten

Dass mein Zug im Zielbahnhof mit reichlich Verspätung ankam und man mich als einzige Teilnehmerin aus dem südlichen Teil Deutschlands am Bahnhof schlicht vergaß, dass ich mich mit schwerem Gepäck (siehe oben) mittels verschiedenster öffentlicher Verkehrsmittel zum Ort der Tagung durchkämpfen musste, dass die Vorstellungsrunde gerade abgeschlossen war, als ich ankam und ich mich somit – schwitzend, schnaufend und verärgert – den anderen vorstellen musste, ohne von diesen etwas erfahren zu haben, dass ich mir noch am selben Abend an der vorzüglichen Suppe, die serviert wurde, in Folge persönlicher Hektik die Zunge gründlich verbrannte, dies alles war selbstverständlich nicht dazu angetan, meine Stimmung zu verbessern. Aber nun war ich schon mal dort und hielt aus.

Um es vorweg zu nehmen: Ich habe nie bereut, dabei gewesen zu sein. Ich lernte enorm viel in diesen sieben Tagen. Ich konnte plötzlich ganz anders schreiben. Mir fielen Themen und Geschichten ein, auf die ich vorher nie gekommen wäre.

Ganz am Rande bemerkt, klappte auch das Unternehmen „Familie ohne Mama" hervorragend.

Welchem der zahlreichen Programmpunkte dieses Seminars ich den Lernzuwachs zu verdanken hatte, weiß ich nicht. Ich weiß aber noch, dass ich wieder einmal enorm litt, als es daran ging, die eingereichten Texte einer strengen Kritik zu unterziehen. Dank meinem mit B beginnenden Nachnamen war ich bereits als dritte Teilnehmerin an der Reihe, erlebte die zahlreichen kritischen Äußerungen zunächst als persönliche Niederlage, um dann festzustellen, dass dieses heftige Kritisieren a) keinem erspart blieb und b) die Augen für Qualität öffnete.

Als am Donnerstag ein Schreibtag angesetzt war, bemerkte ich bereits während des Schreibens, dass sich etwas in mir verändert hatte, dass ich dabei war, eigene Grenzen zu überschreiten. Dies bestätigte sich auch bei der zwei Tage späteren Besprechung der Schreibtag-Geschichten, was mich außerordentlich motivierte.

Wenn Sie, liebe Leserin, lieber Leser, beim Schreiben bleiben, werden Sie aller Wahrscheinlichkeit nach ebenfalls feststellen, dass es so etwas wie Stillstand nicht geben muss, dass Sie sich in den eigenen Fähigkeiten – stetig und von Ihnen selbst fast unbemerkt – weiterentwickeln. Vielleicht merken Sie es überhaupt erst an der Rückmeldung der anderen, vielleicht sagt Ihnen plötzlich jemand: „Sie schreiben jetzt übrigens ganz anders/viel besser."

Sie werden aber auch feststellen, dass es Meilensteine gibt, an denen sich Fähigkeiten abrupt und spürbar zum Guten verändern.

- Vertrauen Sie darauf, dass Sie – wenn Sie wirklich dran bleiben – Fortschritte machen.

- Freuen Sie sich darüber, wenn Sie selbst spüren, dass es einen Ruck zum Positiven hin gegeben hat.

- Ergreifen Sie diese Chance und packen Sie Neues an.

Verträge, Honorare, VG Wort, KSK

Auf diesem Seminar erhielten wir auch Sachinformationen zu so erfrischenden Themen wie „Verträge", „Honorare", „VG Wort" und „KSK".

Im Folgenden werde ich diese Themen lediglich anreißen. Wer Näheres dazu wissen möchte, dem sei Goetz Buchholz' „Ratgeber Freie – Kunst und Medien" (siehe Service-Teil S. 158) empfohlen.

Verträge

Für Buchautoren haben der Verband deutscher Schriftsteller (VS) in der IG Medien und der Börsenverein des Deutschen Buchhandels e. V. einen so genannten Normvertrag vereinbart.

Erhält man als Autor von einem Verlag einen Vertrag zur Unterschrift vorgelegt, sollte man diesen Punkt für Punkt mit dem Normvertrag vergleichen. Wer sich nicht sicher ist, wer Änderungen feststellt, sollte vor der Unterzeichnung rechtlichen Rat einholen. Mitglieder des VS (siehe Service-Teil S. 172) erhalten diesen Rat kostenlos. Näheres unter *www.uschtrin.de/vsra.html*

Rahmenvertrag

(vom 19. Oktober 1978 in der ab 1. April 1999 gültigen Fassung)
Zwischen dem Verband deutscher Schriftsteller (VS) in der IG Medien und dem Börsenverein des Deutschen Buchhandels e.V. – Verleger-Ausschuss – ist folgendes vereinbart:

1. Die Vertragschließenden haben den diesem Rahmenvertrag beiliegenden Normvertrag für den Abschluss von Verlagsverträgen vereinbart. Die Vertragschließenden verpflichten sich, darauf hinzuwirken, dass ihre Mitglieder nicht ohne sachlich gerechtfertigten Grund zu Lasten des Autors von diesem Normvertrag abweichen.

2. Die Vertragschließenden sind sich darüber einig, dass einige Probleme sich einer generellen Regelung im Sinne eines Normvertrags entziehen. Dies gilt insbesondere für Options- und Konkurrenzausschlussklauseln einschließlich etwaiger Vergütungsregelungen, bei deren individueller Vereinbarung die schwierigen rechtlichen Zulässigkeitsvoraussetzungen besonders sorgfältig zu prüfen sind.

3. Dieser Vertrag wird in der Regel für folgende Werke und Bücher nicht gelten:
   a) Fach- und wissenschaftliche Werke im engeren Sinn einschließlich Schulbücher, wohl aber für Sachbücher;
   b) Werke, deren Charakter wesentlich durch Illustrationen bestimmt wird; Briefausgaben und Buchausgaben nicht original für das Buch geschriebener Werke;
   c) Werke mit mehreren Rechtsinhabern wie z.B. Anthologien, Bearbeitungen;
   d) Werke, bei denen der Autor nur Herausgeber ist;
   e) Werke im Sinne des § 47 Verlagsgesetz, für welche eine Publikationspflicht des Verlages nicht besteht.

4. Soweit es sich um Werke nach Ziffer 3 b) bis e) handelt, sollen die Verträge unter Berücksichtigung der besonderen Gegebenheiten des Einzelfalles so gestaltet werden, dass sie den Intentionen des Normvertrags entsprechen.

5. Die Vertragschließenden haben eine „Schlichtungs- und Schiedsstelle Buch" eingerichtet, die im Rahmen der vereinbarten Statuten über die vertragschließenden Verbände von jedem ihrer Mitglieder angerufen werden kann.

6. Die Vertragschließenden nehmen nunmehr Verhandlungen über die Vereinbarung von Regelhonoraren auf.

7. Dieser Vertrag tritt am 1.4.1999 in Kraft. Er ist auf unbestimmte Zeit geschlossen und kann - mit einer Frist von sechs Monaten zum Jahresende - erstmals zum 31.12.2001 gekündigt werden. Die Vertragschließenden erklären sich bereit, auch ohne Kündigung auf Verlangen einer Seite in Verhandlungen über Änderungen des Vertrages einzutreten.
   Stuttgart und Frankfurt am Main, den 19. Februar 1999
   Industriegewerkschaft Medien
   - Verband deutscher Schriftsteller -
   Börsenverein des Deutschen Buchhandels e.V
   - Verleger-Ausschuss -
   Der Verleger-Ausschuss hat den VS darauf hingewiesen, dass er für eine Vereinbarung von Regelhonoraren nach wie vor kein Mandat hat. Der VS legt jedoch Wert darauf, diese bei der Änderung des Rahmenvertrags vom 1.1.1984 aufgenommene Bestimmung in die Neufassung zu übernehmen.

Normvertrag
Verlagsvertrag
zwischen
(nachstehend: Autor)
und
(nachstehend: Verlag)

§ 1 Vertragsgegenstand

1. Gegenstand dieses Vertrages ist das vorliegende/noch zu verfassende Werk des Autors unter dem Titel/Arbeitstitel:
(gegebenenfalls einsetzen: vereinbarter Umfang des Werks, Spezifikation des Themas usw.)

2. Der endgültige Titel wird in Abstimmung zwischen Autor und Verlag festgelegt, wobei der Autor dem Stichentscheid des Verlages zu widersprechen berechtigt ist, soweit sein Persönlichkeitsrecht verletzt würde.

3. Der Autor versichert, dass er allein berechtigt ist, über die urheberrechtlichen Nutzungsrechte an seinem Werk zu verfügen, und dass er, soweit sich aus § 14 Absatz 3 nichts anderes ergibt, bisher keine den Rechtseinräumungen dieses Vertrages entgegenstehende Verfügung getroffen hat. Das gilt auch für die vom Autor gelieferten Text- oder Bildvorlagen, deren Nutzungsrechte bei ihm liegen. Bietet er dem Verlag Text- oder Bildvorlagen an, für die dies nicht zutrifft oder nicht sicher ist, so hat er den Verlag darüber und über alle ihm bekannten oder erkennbaren rechtlich relevanten Fakten zu informieren. Soweit der Verlag den Autor mit der Beschaffung fremder Text- oder Bildvorlagen beauftragt, bedarf es einer besonderen Vereinbarung.

4. Der Autor ist verpflichtet, den Verlag schriftlich auf im Werk enthaltene Darstellungen von Personen oder Ereignissen hinzuweisen, mit denen das Risiko einer Persönlichkeitsrechtsverletzung verbunden ist. Nur wenn der Autor dieser Vertragspflicht in vollem Umfang nach bestem Wissen und Gewissen genügt hat, trägt der Verlag alle Kosten einer eventuell erforderlichen Rechtsverteidigung. Wird der Autor wegen solcher Verletzungen in Anspruch genommen, sichert ihm der Verlag seine Unterstützung zu, wie auch der Autor bei der Abwehr solcher Ansprüche gegen den Verlag mitwirkt.

§ 2 Rechtseinräumungen

1. Der Autor überträgt dem Verlag räumlich unbeschränkt für die Dauer des gesetzlichen Urheberrechts das ausschließliche Recht zur Vervielfältigung und Verbreitung (Verlagsrecht) des Werkes für alle Druck- und körperlichen elektronischen Ausgaben sowie für alle Auflagen ohne Stückzahlbegrenzung für die deutsche Sprache. Sobald sich die Rahmenbedingungen für eine elektronische Werknutzung in Datenbanken und Online-Diensten geklärt haben, werden sich VS in der IG Medien und Börsenverein über eine entsprechende Ergänzung des Normvertrages verständigen. Bis dahin sollten entsprechende Rechtseinräumungen einzelvertraglich geregelt werden.

2. Der Autor räumt dem Verlag für die Dauer des Hauptrechts gemäß Absatz 1 und § 5 Absatz 2 außerdem folgende ausschließliche Nebenrechte - insgesamt oder einzeln - ein:

   a) Das Recht des ganzen oder teilweisen Vorabdrucks und Nachdrucks, auch in Zeitungen und Zeitschriften;

   b) das Recht der Übersetzung in eine andere Sprache oder Mundart;

   c) das Recht zur Vergabe von Lizenzen für deutschsprachige Ausgaben in anderen Ländern sowie für Taschenbuch-, Volks-, Sonder-, Reprint-, Schul- oder Buchgemeinschaftsausgaben oder andere Druck- und körperlichen elektronischen Ausgaben;

   d) das Recht der Herausgabe von Mikroskopieausgaben;

   e) das Recht zu sonstiger Vervielfältigung, insbesondere durch fotomechanische oder ähnliche Verfahren (z.B. Fotokopie);

   f) das Recht zur Aufnahme auf Vorrichtungen zur wiederholbaren Wiedergabe mittels Bild- oder Tonträger (z.B. Hörbuch), sowie das Recht zu deren Vervielfältigung, Verbreitung und Wiedergabe;

   g) das Recht zum Vortrag des Werks durch Dritte;

   h) die am Werk oder seiner Bild- oder Tonträgerfixierung oder durch Lautsprecherübertragung oder Sendung entstehenden Wiedergabe- und Überspielungsrechte;

   i) das Recht zur Vergabe von deutsch- oder fremdsprachigen Lizenzen in das In- und Ausland zur Ausübung der Nebenrechte a) bis h).

3. Darüber hinaus räumt der Autor dem Verlag für die Dauer des Hauptrechts gemäß Absatz 1 weitere ausschließliche Nebenrechte - insgesamt oder einzeln - ein:

   a) Das Recht zur Bearbeitung als Bühnenstück sowie das Recht der Aufführung des so bearbeiteten Werkes;

   b) das Recht zur Verfilmung einschließlich der Rechte zur Bearbeitung als Drehbuch und zur Vorführung des so hergestellten Films;

   c) das Recht zur Bearbeitung und Verwertung des Werks im Fernsehfunk einschließlich Wiedergaberecht;

   d) das Recht zur Bearbeitung und Verwertung des Werks im Hörfunk, z.B. als Hörspiel einschließlich Wiedergaberecht;

   e) das Recht zur Vertonung des Werks;

   f) das Recht zur Vergabe von Lizenzen zur Ausübung der Nebenrechte a) bis e).

4. Der Autor räumt dem Verlag schließlich für die Dauer des Hauptrechts gemäß Absatz 1 alle durch die Verwertungsgesellschaft Wort wahrgenommenen Rechte nach deren Satzung, Wahrnehmungsvertrag und Verteilungsplan zur gemeinsamen Einbringung ein. Bereits abgeschlossene Wahrnehmungsverträge bleiben davon unberührt.

5. Für die Rechtseinräumungen nach Absatz 2 bis 4 gelten folgende Beschränkungen:

   a) Soweit der Verlag selbst die Nebenrechte gemäß Absatz 2 und 3 ausübt, gelten für die Ermittlung des Honorars die Bestimmungen über das Absatzhonorar nach § 4 anstelle der Bestimmungen für die Verwertung von Nebenrechten. Enthält § 4 für das jeweilige Nebenrecht keine Vergütungsregelung, so ist eine solche nachträglich zu vereinbaren.

b) Der Verlag darf das ihm nach Absatz 2 bis 4 eingeräumte Vergaberecht nicht ohne Zustimmung des Autors abtreten. *Dies gilt nicht gegenüber ausländischen Lizenznehmern für die Einräumung von Sublizenzen in ihrem Sprachgebiet sowie für die branchenübliche Sicherungsabtretung von Verfilmungsrechten zur Produktionsfinanzierung.*

c) Das Recht zur Vergabe von Nebenrechten nach Absatz 2 bis 4 endet mit der Beendigung des Hauptrechts gemäß Absatz 1; der Bestand bereits abgeschlossener Lizenz-Normvertrag bleibt hiervon unberührt.

d) Ist der Verlag berechtigt, das Werk zu bearbeiten oder bearbeiten zu lassen, so hat er Beeinträchtigungen des Werkes zu unterlassen, die geistige und persönliche Rechte des Autors am Werk zu gefährden geeignet sind. Im Falle einer Vergabe von Lizenzen zur Ausübung der Nebenrechte gemäß Absatz 2 und Absatz 3 wird der Verlag darauf hinwirken, dass der Autor vor Beginn einer entsprechenden Bearbeitung des Werkes vom Lizenznehmer gehört wird. Möchte der Verlag einzelne Nebenrechte selbst ausüben, so hat er den Autor anzuhören und ihm bei persönlicher und fachlicher Eignung die entsprechende Bearbeitung des Werkes anzubieten, bevor damit Dritte beauftragt werden.

§ 3 Verlagspflicht

1. Das Werk wird zunächst als _____-Ausgabe (z.B. Hardcover, Paperback, Taschenbuch, CD-ROM) erscheinen; nachträgliche Änderungen der Form der Erstausgabe bedürfen des Einvernehmens mit dem Autor.

2. Der Verlag ist verpflichtet, das Werk in der in Absatz 1 genannten Form zu vervielfältigen, zu verbreiten und dafür angemessen zu werben.

3. Ausstattung, Buchumschlag, Auflagenhöhe, Auslieferungstermin, Ladenpreis und Werbemaßnahmen werden vom Verlag nach pflichtgemäßem Ermessen unter Berücksichtigung des Vertragszwecks sowie der im Verlagsbuchhandel für Ausgaben dieser Art herrschenden Übung bestimmt.

4. Das Recht des Verlags zur Bestimmung des Ladenpreises nach pflichtgemäßem Ermessen schließt auch dessen spätere Herauf- oder Herabsetzung ein. Vor Herabsetzung des Ladenpreises wird der Autor benachrichtigt.

5. Als Erscheinungstermin ist vorgesehen: _____ Eine Änderung des Erscheinungstermins erfolgt in Absprache mit dem Autor.

§ 4 Absatzhonorar für Verlagsausgaben

1. Der Autor erhält für jedes verkaufte und bezahlte Exemplar ein Honorar auf der Basis des um die darin enthaltene Mehrwertsteuer verminderten Ladenverkaufspreises (Nettoladenverkaufspreis).
oder:
Der Autor erhält für jedes verkaufte und bezahlte Exemplar ein Honorar auf der Basis des um die darin enthaltene Mehrwertsteuer verminderten Verlagsabgabepreises (Nettoverlagsabgabepreis). In diesem Falle ist bei der Vereinbarung des Honorarsatzes die im Vergleich zum Nettoladenverkaufspreis geringere Bemessungsgrundlage zu berücksichtigen.

oder:

Der Autor erhält ein Honorar auf der Basis des mit der Verlagsausgabe des Werkes erzielten, um die Mehrwertsteuer verminderten Umsatzes (Nettoumsatzbeteiligung). Dabei hat der Autor Anspruch auf Ausweis der verkauften Exemplare einschließlich der Partie- und Portoersatzstücke, für die dann Absatz 5 nicht gilt. In diesem Falle ist bei der Vereinbarung des Honorarsatzes die im Vergleich zum Nettoladenverkaufspreis geringere Bemessungsgrundlage zu berücksichtigen.

2. *Das Honorar für die verschiedenen Arten von Ausgaben (z.B. Hardcover, Taschenbuch usw.) beträgt für*

   a) _____ -Ausgaben _____% vom Preis gemäß Absatz 1.

   Es erhöht sich nach dem Absatz des Werkes

   von _____ *bis* _____ *Exemplaren auf* _____%;

   von _____ *bis* _____ *Exemplaren auf* _____%;

   ab _____ *Exemplaren auf* _____%.

   b) _____-Ausgaben _____% vom Preis gemäß Absatz 1.

   Es erhöht sich nach dem Absatz des Werkes

   von _____ *bis* _____ *Exemplaren auf* _____%;

   von _____ *bis* _____ *Exemplaren auf* _____%;

   ab _____ *Exemplaren auf* _____%.

   c) _____-Ausgaben _____% vom Preis gemäß Absatz 1.

   Es erhöht sich nach dem Absatz des Werkes

   von _____ *bis* _____ *Exemplaren auf* _____%;

   von _____ *bis* _____ *Exemplaren auf* _____%;

   ab _____ *Exemplaren auf* _____%.

   d) *Für Verlagserzeugnisse, die nicht der Preisbindung unterliegen (z.B. Hörbücher), erhält der Autor für jedes verkaufte und bezahlte Exemplar ein Honorar auf der Basis des um die darin enthaltene Mehrwertsteuer verminderten Verlagsabgabepreises (Nettoverlagsabgabepreis), und zwar für* _____-Ausgaben .....% vom Nettoverlagsabgabepreis. Es erhöht sich nach dem Absatz des Werkes*

   von _____ *bis* _____ *Exemplaren auf* _____ %;

   von _____ *bis* _____ *Exemplaren auf* _____ %;

   ab _____ *Exemplaren auf* _____ %.

   e) *Beim Verkauf von Rohbögen der Originalausgabe außerhalb von Nebenrechtseinräumungen gilt ein Honorarsatz von ....% vom Verlagsabgabepreis.*

3. Auf seine Honoraransprüche - einschließlich der Ansprüche aus § 5 - erhält der
   Autor einen Vorschuss in Höhe von EURO _____ Dieser Vorschuss ist fällig

   zu _____ % bei Abschluss des Vertrages,

   zu _____ % bei Ablieferung des Manuskripts gemäß § 1 Absatz 1 und
   § 6 Absatz 1,

   zu _____ % bei Erscheinen des Werkes, spätestens am _____

4. Der Vorschuss gemäß Absatz 3 stellt ein garantiertes Mindesthonorar für dieses
   Werk dar. Er ist nicht rückzahlbar, jedoch mit allen Ansprüchen des Autors aus diesem Vertrag verrechenbar.

5. Pflicht-, Prüf-, Werbe- und Besprechungsexemplare sind honorarfrei; darunter fallen nicht Partie- und Portoersatzstücke sowie solche Exemplare, die für Werbe-
   zwecke des Verlages, nicht aber des Buches abgegeben werden.

6. Ist der Autor mehrwertsteuerpflichtig, zahlt der Verlag die auf die Honorarbeträge
   anfallende gesetzliche Mehrwertsteuer zusätzlich.

7. Honorarabrechnung und Zahlung erfolgen halbjährlich zum 30. Juni und zum
   31. Dezember innerhalb der auf den Stichtag folgenden 3 Monate.
   oder:
   Honorarabrechnung und Zahlung erfolgen zum 31. Dezember jedes Jahres innerhalb der auf den Stichtag folgenden drei Monate. Der Verlag leistet dem Autor
   entsprechende Abschlagszahlungen, sobald er Guthaben von mehr als
   EURO _____ feststellt. Honorare auf im Abrechnungszeitraum remittierte Exemplare werden vom Guthaben abgezogen.

8. Der Verlag ist verpflichtet, einem vom Autor beauftragten Wirtschaftsprüfer, Steuer-
   berater oder vereidigten Buchsachverständigen zur Überprüfung der Honorarabrechnungen Einsicht in die Bücher und Unterlagen zu gewähren. Die hierdurch
   anfallenden Kosten trägt der Verlag, wenn sich die Abrechnungen als fehlerhaft
   erweisen.

9. Nach dem Tode des Autors bestehen die Verpflichtungen des Verlags nach Absatz
   1 bis 8 gegenüber den durch Erbschein ausgewiesenen Erben, die bei einer Mehr-
   zahl von Erben einen gemeinsamen Bevollmächtigten zu benennen haben.

§ 5 Nebenrechtsverwertung

1. Der Verlag ist verpflichtet, sich intensiv um die Verwertung der ihm eingeräumten
   Nebenrechte innerhalb der für das jeweilige Nebenrecht unter Berücksichtigung
   von Art und Absatz der Originalausgabe angemessenen Frist zu bemühen und
   den Autor auf Verlangen zu informieren. Bei mehreren sich untereinander aus-
   schließenden Verwertungsmöglichkeiten wird er die für den Autor materiell und
   ideell möglichst günstige wählen, auch wenn er selbst bei dieser Nebenrechtsver-
   wertung konkurriert. Der Verlag unterrichtet den Autor unaufgefordert über erfolg-
   te Verwertungen und deren Bedingungen.

2. Verletzt der Verlag seine Verpflichtungen gemäß Absatz 1, so kann der Autor die hiervon betroffenen Nebenrechte - auch einzeln - nach den Regeln des § 41 UrhG zurückrufen; der Bestand des Vertrages im übrigen wird hiervon nicht berührt.

3. Der aus der Verwertung der Nebenrechte erzielte Erlös wird zwischen Autor und Verlag geteilt, und zwar erhält der Autor _____ % bei den Nebenrechten des § 2 Absatz 2; _____ % bei den Nebenrechten des § 2 Absatz 3; (Bei der Berechnung des Erlöses wird davon ausgegangen, dass in der Regel etwaige aus der Inlandsverwertung anfallende Agenturprovisionen und ähnliche Nebenkosten allein auf den Verlagsanteil zu verrechnen, für Auslandsverwertung anfallende Nebenkosten vom Gesamterlös vor Aufteilung abzuziehen sind.) Soweit Nebenrechte durch Verwertungsgesellschaften wahrgenommen werden, richten sich die Anteile von Verlag und Autor nach deren satzungsgemäßen Bestimmungen.

4. Für Abrechnung und Fälligkeit gelten die Bestimmungen von § 4 Absatz 7, 8 und 9 entsprechend.

5. Die Vergabe von Lizenzen an gemeinnützige Blindenselbsthilfeorganisationen für Ausgaben, die ausschließlich für Blinde und Sehbehinderte bestimmt sind (Druckausgaben in Punktschrift, Tonträgerausgaben mit akustischen Benutzungsanweisungen und entsprechende Ausgaben auf Datenträgern), darf vergütungsfrei erfolgen.

§ 6 Manuskriptablieferung

1. Der Autor verpflichtet sich, dem Verlag bis spätestens _____ /binnen _____ das vollständige und vervielfältigungsfähige Manuskript gemäß § 1 Absatz 1 (einschließlich etwa vorgesehener und vom Autor zu beschaffender Bildvorlagen) mit Maschine geschrieben oder in folgender Form zu übergeben: _____ Wird diese(r) Termin/Frist nicht eingehalten, gilt als angemessene Nachfrist im Sinne des § 30 Verlagsgesetz ein Zeitraum von _____ Monaten.

2. Der Autor behält eine Kopie des Manuskripts bei sich.

3. Das Manuskript bleibt Eigentum des Autors und ist ihm vom Verlag nach Erscheinen des Buches zurückzugeben.
Erfolgt die Manuskriptabgabe in elektronischer Form, so ist ein entsprechender Papierausdruck beizufügen.

§ 7 Freiexemplare

1. Der Autor erhält für seinen eigenen Bedarf _____ Freiexemplare. Bei der Herstellung von mehr als _____ Exemplaren erhält der Autor _____ weitere Freiexemplare und bei der Herstellung von mehr als _____Exemplaren _____ weitere Freiexemplare.

2. Darüber hinaus kann der Autor Exemplare seines Werkes zu einem Höchstrabatt von _____% vom Ladenpreis vom Verlag beziehen.

3. Sämtliche gemäß Absatz 1 oder 2 übernommenen Exemplare dürfen nicht weiter verkauft werden.

§ 8 Satz, Korrektur

1. Die erste Korrektur des Satzes wird vom Verlag oder von der Druckerei vorgenommen. Der Verlag ist sodann verpflichtet, dem Autor in allen Teilen gut lesbare Abzüge zu übersenden, die der Autor unverzüglich honorarfrei korrigiert und mit dem Vermerk „druckfertig" versieht; durch diesen Vermerk werden auch etwaige Abweichungen vom Manuskript genehmigt. Abzüge gelten auch dann als „druckfertig", wenn sich der Autor nicht innerhalb angemessener Frist nach Erhalt zu ihnen erklärt hat.

2. Nimmt der Autor Änderungen im fertigen Satz vor, so hat er die dadurch entstehenden Mehrkosten - berechnet nach dem Selbstkostenpreis des Verlages - insoweit zu tragen, als sie 10 % der Satzkosten übersteigen. Dies gilt nicht für Änderungen bei Sachbüchern, die durch Entwicklungen der Fakten nach Ablieferung des Manuskripts erforderlich geworden sind.

§ 9 Lieferbarkeit, veränderte Neuauflagen

1. Wenn die Verlagsausgabe des Werkes vergriffen ist und nicht mehr angeboten und ausgeliefert wird, ist der Autor zu benachrichtigen. Der Autor ist dann berechtigt, den Verlag schriftlich aufzufordern, sich spätestens innerhalb von 3 Monaten nach Eingang der Aufforderung zu verpflichten, innerhalb einer Frist von _____ Monat(en)/Jahr(en) nach Ablauf der Dreimonatsfrist eine ausreichende Anzahl weiterer Exemplare des Werkes herzustellen und zu verbreiten. Geht der Verlag eine solche Verpflichtung nicht fristgerecht ein oder wird die Neuherstellungsfrist nicht gewahrt, ist der Autor berechtigt, durch schriftliche Erklärung von diesem Verlagsvertrag zurückzutreten. Bei Verschulden des Verlages kann er statt dessen Schadensersatz wegen Nichterfüllung verlangen. Der Verlag bleibt im Falle des Rückrufs zum Verkauf der ihm danach (z.B. aus Remissionen) noch zufließenden Restexemplare innerhalb einer Frist von _____ berechtigt; er ist verpflichtet, dem Autor die Anzahl dieser Exemplare anzugeben und ihm die Übernahme anzubieten.

2. Der Autor ist berechtigt und, wenn es der Charakter des Werkes (z.B. eines Sachbuchs) erfordert, auch verpflichtet, das Werk für weitere Auflagen zu überarbeiten; wesentliche Veränderungen von Art und Umfang des Werkes bedürfen der Zustimmung des Verlages. Ist der Autor zu der Bearbeitung nicht bereit oder nicht in der Lage oder liefert er die Überarbeitung nicht innerhalb einer angemessenen Frist nach Aufforderung durch den Verlag ab, so ist der Verlag zur Bestellung eines anderen Bearbeiters berechtigt. Wesentliche Änderungen des Charakters des Werkes bedürfen dann der Zustimmung des Autors.

§ 10 Verramschung, Makulierung

1. Der Verlag kann das Werk verramschen, wenn der Verkauf in zwei aufeinander folgenden Normvertrag Kalenderjahren unter _____ Exemplaren pro Jahr gelegen hat. Am Erlös ist der Autor in Höhe seines sich aus § 4 Absatz 2 ergebenden Grundhonorarprozentsatzes beteiligt.

2. Erweist sich auch ein Absatz zum Ramschpreis als nicht durchführbar, kann der Verlag die Restauflage makulieren.

3. Der Verlag ist verpflichtet, den Autor vor einer beabsichtigten Verramschung bzw. Makulierung zu informieren. Der Autor hat das Recht, durch einseitige Erklärung die noch vorhandene Restauflage bei beabsichtigter Verramschung zum Ramschpreis abzüglich des Prozentsatzes seiner Beteiligung und bei beabsichtigter Makulierung unentgeltlich - ganz oder teilweise - ab Lager zu übernehmen. Bei beabsichtigter Verramschung kann das Übernahmerecht nur bezüglich der gesamten noch vorhandenen Restauflage ausgeübt werden.

4. Das Recht des Autors, im Falle der Verramschung oder Makulierung vom Vertrag zurückzutreten, richtet sich nach den §§ 32, 30 Verlagsgesetz.

§ 11 Rezensionen

Der Verlag wird bei ihm eingehende Rezensionen des Werkes innerhalb des ersten Jahres nach Ersterscheinen umgehend, danach in angemessenen Zeitabständen dem Autor zur Kenntnis bringen.

§ 12 Urheberbenennung, Copyright-Vermerk

1. Der Verlag ist verpflichtet, den Autor in angemessener Weise als Urheber des Werkes auszuweisen.

2. Der Verlag ist verpflichtet, bei der Veröffentlichung des Werkes den Copyright-Vermerk im Sinne des Welturheberrechtsabkommens anzubringen.

§ 13 Änderungen der Eigentums- und Programmstrukturen des Verlags

1. Der Verlag ist verpflichtet, dem Autor anzuzeigen, wenn sich in seinen Eigentums- oder Beteiligungsverhältnissen eine wesentliche Veränderung ergibt. Eine Veränderung ist wesentlich, wenn
   a) der Verlag oder Verlagsteile veräußert werden;
   b) sich in den Beteiligungsverhältnissen einer den Verlag betreibenden Gesellschaft gegenüber denen zum Zeitpunkt dieses Vertragsabschlusses Veränderungen um mindestens 25 % der Kapital- oder Stimmrechtsanteile ergeben. Wird eine Beteiligung an der den Verlag betreibenden Gesellschaft von einer anderen Gesellschaft gehalten, gelten Veränderungen in deren Kapital- oder Stimmrechtsverhältnissen als solche des Verlages. Der Prozentsatz der Veränderungen ist entsprechend der Beteiligung dieser Gesellschaft an der Verlagsgesellschaft umzurechnen.

2. Der Autor ist berechtigt, durch schriftliche Erklärung gegenüber dem Verlag von etwa bestehenden Optionen oder von Verlagsverträgen über Werke, deren Herstellung der Verlag noch nicht begonnen hat, zurückzutreten, wenn sich durch eine Veränderung gemäß Absatz 1 oder durch Änderung der über das Verlagsprogramm entscheidenden Verlagsleitung eine so grundsätzliche Veränderung des Verlagsprogamms in seiner Struktur und Tendenz ergibt, dass dem Autor nach der Art seines Werkes und unter Berücksichtigung des bei Abschluss dieses Vertrages bestehenden Verlagsprogramms ein Festhalten am Vertrag nicht zugemutet werden kann.

3. Das Rücktrittsrecht kann nur innerhalb eines Jahres nach Zugang der Anzeige des Verlages gemäß Absatz 1 ausgeübt werden.

§ 14 Schlussbestimmungen

1. Soweit dieser Vertrag keine Regelungen enthält, gelten die allgemeinen gesetzlichen Bestimmungen des Rechts der Bundesrepublik Deutschland und der Europäischen Union. Die Nichtigkeit oder Unwirksamkeit einzelner Bestimmungen dieses Vertrages berührt die Gültigkeit der übrigen Bestimmungen nicht. Die Parteien sind alsdann verpflichtet, die mangelhafte Bestimmung durch eine solche zu ersetzen, deren wirtschaftlicher und juristischer Sinn dem der mangelhaften Bestimmung möglichst nahe kommt.

2. Die Parteien erklären, Mitglieder bzw. Wahrnehmungsberechtigte folgender Verwertungsgesellschaften zu sein:

Der Autor: _____   den_____

Der Verlag: _____   den_____

3. Im Rahmen von Mandatsverträgen hat der Autor bereits folgende Rechte an Verwertungsgesellschaften übertragen:

_____ an die VG: _____

_____ an die VG: _____

_____ an die VG: _____

Honorare

Honorare werden an den Autor entweder pauschal oder prozentual gezahlt.

Pauschal:

Der Autor erhält einen bestimmten Geldbetrag, egal, wie oft sich das Buch verkauft.

Prozentual:

Der Autor wird am Erfolg des Buches beteiligt. Die vereinbarten Prozente beziehen sich meist auf den Nettoladenverkaufspreis, das heißt, den Ladenpreis minus Umsatzsteuer (7 %) .

Üblich ist im Kinderbuchbereich, dass der Autor 5 bis 9 % dieses Nettoladenverkaufspreises bekommt. Meist richten sich die Prozente nach dem Illustrationsanteil.

In jedem Falle aber sollte es einen garantierten Vorschuss aufs Honorar geben, der mit dem erzielten Erlös verrechnet wird und nicht zurückzahlbar ist.

Gezahlt wird dieser Vorschuss entweder

zu gleichen Teilen bei Vertragsabschluss und bei Manuskriptabgabe

oder

zu gleichen Teilen bei Vertragsabschluss, Manuskriptabgabe und Erscheinen des Buches

oder

30 % bei Vertragsabschluss, 40 % bei Manuskriptabgabe und 30 % bei Erscheinen des Buches

oder

zu gleichen Teilen bei Manuskriptabgabe und Erscheinen des Buches.

Die Verwertungsgesellschaft Wort (VG Wort)

Um alle Rechte von Autoren, die Autoren selbst nicht individuell wahrnehmen können, kümmert sich die VG Wort. Da zwar überall auf Geschriebenes zurückgegriffen wird – zum Beispiel im Hörfunk, im Fernsehen, durch das Ausleihen von Büchern in Bibliotheken, durch das Kopieren von Texten – aber kein Autor in der Lage ist, dies für seine Werke genauestens zu überwachen, fließen Gelder für all diese Verwertungen in die VG Wort. Von ihr aus erhalten Autoren einen entsprechenden Anteil.

Komplizierte, über diese schlichte Tatsache hinausgehende Informationen erspare ich mir an dieser Stelle und empfehle, bei Bedarf nachzufragen bei der

Verwertungsgesellschaft Wort
Goethestraße 49
80336 München
Telefon: 089 - 51412-24
Telefax: 089 - 51412-79
www.vgwort.de

Eines habe ich selbst nie vergessen. In dem besagten Seminar gab man uns mit auf den Kinderbuchautorenweg:

Der einzige Vertrag, der unbesehen, ungelesen, ohne Sorge unterschrieben werden darf, ja sollte – obwohl er alles andere als leicht verständlich ist – ist der Vertrag mit der VG Wort.

Als eine der ersten Amtshandlungen nach dem Seminar schloss ich zu Hause deshalb ebendiesen Wahrnehmungsvertrag mit der VG Wort ab, was mir schon zu etlichen zusätzlichen Mark bzw. Euro verholfen hat.

Die Künstlersozialkasse (KSK)

Wenn Sie Einnahmen aus künstlerischer Tätigkeit haben, sind Sie in der KSK pflichtversichert. Diese KSK ist selbst keine Versicherung, sondern sie sammelt und verteilt Versicherungsbeiträge. Die Versicherten zahlen 50 % des Beitrages zur gesetzlichen Kranken- , Pflege- und Rentenversicherung an die KSK. Der Arbeitgeberanteil quasi wird von den Vermarktern, also in erster Linie den Verlagen und Rundfunkanstalten, an die KSK gezahlt. Ein Rest kommt vom Bund. Ähnlich wie Arbeitnehmer erhalten selbstständige Künstler und Publizisten also eine Art Arbeitgeberanteil zur Sozialversicherung.

Wer sich über die KSK versichern kann oder sollte, können Sie nachlesen unter

www.kuenstlersozialkasse.de

oder Sie fragen nach bei

Künstlersozialkasse
Langeoogstraße 12
26384 Wilhelmshaven
Telefon: 04421 - 3080
E-Mail: auskunft@kuenstlersozialkasse.de

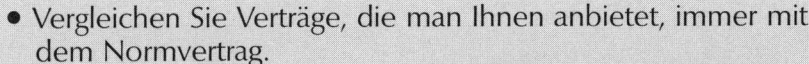

- Vergleichen Sie Verträge, die man Ihnen anbietet, immer mit dem Normvertrag.

- Wenn Sie mit dem angebotenen Honorar nicht zufrieden sind: Kämpfen Sie zur Not um Geld, aber gefährden Sie nicht ein Ihnen wichtiges Projekt durch Feilschereien.

- Schließen Sie einen Vertrag mit der VG Wort ab.

- Bringen Sie in Erfahrung, ob Sie der KSK beitreten können.

Freundschaft unter Kollegen

Nicht zuletzt zog ich noch einen Gewinn ganz anderer Art aus dieser Woche. Ich freundete mich mit einigen der teilnehmenden Autoren an, ganz besonders aber mit einer jungen Frau, die damals noch in einem der neuen Bundesländer lebte. Sie hatte es zu DDR-Zeiten geschafft, sich als freie Autorin, vor allem im Bereich Hörspiel, zu etablieren. Nun hatte sie sich auch auf die Kinderbuch-Schiene gewagt und war – sehr zu ihrer Freude, so wie ich – ausgewählt worden.

Die Freundschaft zu dieser jungen Frau namens Astrid Rösel hat nicht nur die seit damals vergangenen elf Jahre überdauert, sondern sie hat mir – und ich denke auch ihr – in diesen Jahren enorm geholfen. So oft wir konnten, ließen wir uns gegenseitig unsere neuesten Texte zukommen und kritisierten, was das Zeug hielt. Wir wurden uns gegenseitig zu (nahezu) allzeit verfügbaren und (nahezu) unersetzlichen Lektorinnen. Dass Astrid kurz nach dem Seminar auch noch in meine Nähe zog, ermöglichte uns eine stete, fruchtbare Zusammenarbeit. Jede Menge Projekte haben wir seit damals gemeinsam angepackt. Jede Menge Höhen und Tiefen haben wir miteinander durchlebt. Und jede Menge deprimierender Schaffenskrisen dank dem Zuspruch der anderen durchgestanden.

Eine gute Freundschaft zu einem Menschen „aus der Branche" ist mehr als Gold wert, denn sie bringt einem Autor jede Menge Vorteile:

✐ Möglichkeit zum Erfahrungsaustausch

✐ wertvolle Anregungen

✐ Hilfe und Rat

✐ Trost bei Misserfolgen

✐ kein Vereinsamen im stillen Kämmerlein

Natürlich fällt einem solch eine Freundschaft nicht in den Schoß. Und natürlich ist sie nicht im Preis eines Autorenseminars inbegriffen. Überhaupt lassen sich Freundschaften ja nicht erzwingen. Aber wer grundsätzlich bereit dazu ist, kann die Chancen auf eine Freundschaft unter Kollegen erhöhen.

So wichtig wie im ganzen Leben: Nicht nur nehmen, sondern auch geben! Das kann im Extremfall eben schon mal bedeuten, dass die Freundin-Kollegin schon zum zweiten Mal innerhalb eines Monats nach Reaktion auf ein neues 100-Seiten-Pamphlet lechzt, während Sie selbst ihr gerade ein dreiseitiges Kindergeschichtlein mit der Bitte um Beurteilung haben zukommen lassen. Aber irgendwann wendet sich das Blatt wieder, und dann freuen Sie sich, wenn da jemand ist, der Ihr Machwerk nicht gelangweilt zur Seite legt, sondern sich sobald als möglich die Mühe macht, dieses, Ihr Werk, auf Herz und Nieren zu prüfen.

Und wenn Sie selbst – eben auf Grund der Freundschaft, die eine Rivalität nicht aufkommen lässt – es sich zueigen gemacht haben, sich mit Ihrer Freundin-Kollegin über Erfolge mitzufreuen, dann haben Sie eben öfter was zum Freuen. Und umgekehrt.

Selbstverständlich gilt auch der Satz vom geteilten Leid.

Jemand aus der Branche kann nun mal viel besser nachvollziehen, welch seelischer Tiefschlag in der siebten Absage auf das mit Herzblut geschriebene Werk stecken kann.

Jemand aus der Branche kennt dieses vernichtende Gefühl nun mal viel besser, kann also aufbauender wirken.

Nach Misserfolgen Jammertiraden anhören, Mut machen, zum Lachen bringen – dies alles können „normale" Freunde natürlich auch. Aber ungleich kompetenter können es – das ist meine ganz persönliche Erfahrung und da bin ich sicher – Freunde, die auch im schreibenden Gewerbe arbeiten.

Vielleicht fragen Sie sich nun: Alles recht und schön, aber woher, bitteschön, soll ich einen solchen Freund bekommen?

Natürlich kann ich Ihnen keine Patentlösung anbieten aber ich kann Sie nur noch mal ermutigen, jede Chance auf Fortbildung zu nutzen. Fortbildungsseminare, von denen Sie sich angesprochen fühlen, sprechen vermutlich auch Leute an, die sich in ähnlicher Situation wie Sie selbst befinden.

Auch regelrechte Autoren- und Illustratorentreffs gibt es, bei denen man Kontakt knüpfen kann.

Und mittlerweile bietet das Internet Kennenlern-Möglichkeiten verschiedenster Art. Am besten, Sie klicken sich mal durch unseren Anhang und sehen, von was oder wem Sie sich angesprochen fühlen.

Eine Warnung allerdings: Bringen Sie hierfür bitte ein hübsches Päckchen Zeit mit, sonst wird das nichts. Ich selbst habe Stunden mit Kreuz-und-quer-Surfen bei der Autorentreff-Recherche für dieses Buch zugebracht.

- Bemühen Sie sich um eine Freundschaft unter Kollegen.
- Helfen Sie sich gegenseitig.

„Schwebende Verfahren" – endlich Klarheit

Zurück vom Seminar, wollte ich endlich Klarheit in Sachen „schwebende Verfahren". Eines davon war die Geschichtensammlung für den netten Lektor, der mich vor einem Jahr nach Bologna eingeladen hatte.

Die Sache war nämlich nie ganz zum Erliegen gekommen, hatte aber etwas freudlos vor sich hingedümpelt. Immerhin hatte man mir zu Weihnachten ein schönes Geschenk gemacht, was mich in der Annahme bestärkte, wertgeschätzt zu werden. Doch dann hatte es einmal geheißen, meine Geschichten seien beim Verleger, einmal bereits bei der Grafikerin, einmal war der Lektor krank geworden ... Und nun hatte ich endlich den Mut, eine klare Aussage zu verlangen.

Einen Vorvertrag hatte ich nie gefordert, vermutlich weil ich noch nicht einmal wusste, dass es ihn gibt.

Mit einem Vorvertrag verhält es sich so – mittlerweile weiß ich's:

Wenn ein Verlag Interesse an einem Ihrer Texte zeigt, aber verlangt, dass Sie noch etwas ändern, können Sie um einen Vorvertrag bitten. Der Verlag bekundet in ihm seine Bereitschaft, Ihren Text zu veröffentlichen, wenn Sie die geforderten Änderungen erbracht haben. Zugesichert wird Ihnen die Veröffentlichung allerdings nicht, der Vorvertrag ist also nur ein kleines Stückchen Sicherheit.

Wenn Sie sich zu lange hingehalten fühlen, bestehen Sie auf einer klaren Aussage oder auf einem Vorvertrag.

Idee geklaut? – Das Urheberrecht

Doch dann passierte genau zu diesem Zeitpunkt etwas durch und durch Merkwürdiges. Ich hatte dem netten Herrn nämlich vor etlichen Monaten nicht nur weitere Geschichten der gleichen Art, sondern auch eine gänzlich neue Bilderbuchidee nebst Ausführung geschickt. Auf die hatte er nie reagiert. Ich wiederum hatte nichts weiter unternommen, weil ich der Meinung war, vorrangig seien jetzt erst einmal die Texte für das Geschichtenbuch. Das zweite Projekt würde wohl im Anschluss diskutiert. Insgeheim hoffte ich zwar auf einen abermaligen begeisterten Anruf: „Ich bin erst jetzt dazu gekommen, liebe Frau Brosche, Ihr Manuskript zu lesen. Und ich muss sagen, ich bin noch hingerissener als beim ersten Mal."

Doch dieser Anruf kam nicht.

Nun ergab es sich, dass ich zu jener Zeit – Verknüpfung meines Erstberufs „Lehrerin" und meines wachsenden Interesses für Kinderliteratur – ein Seminar zum Thema „Kinder- und Jugendliteratur im Unterricht" vor Studenten hielt. Im Rahmen dieses Seminars besuchte ich gemeinsam mit den Studenten eine Buchausstellung und blätterte interessiert in den Neuerscheinungen, bis ich bei der Lektüre eines großformatigen Bilderbuchs förmlich erstarrte. Die ersten Sätze kamen mir auf eine schon fast groteske Art vertraut vor. Ich sah nach, in welchem Verlag das Buch erschienen war und erstarrte zum zweiten Mal. „Mein" Verlag, der mit dem netten Lektor. Ich las die besagten Sätze immer wieder und konnte es nicht glauben.

Zu Hause angekommen, beschloss ich zu handeln. Ich schickte einen eher weniger freundlichen Brief an die Geschäftsführung des Verlages, wies auf mein Befremden angesichts der wörtlichen Übernahme meiner Sätze hin, wies ferner darauf hin, dass man in der letzten Zeit weder auf meine brieflichen noch auf meine telefonischen Nachfragen reagiert habe, forderte den Verlag auf, mir alle meine Unterlagen zurückzusenden und bat um eine Stellungnahme.

Die traf unverzüglich ein. So lange ich in den vergangenen eineinhalb Jahren auf Reaktion hatte warten müssen, so schnell meldete man sich nun bei mir.

Ja, man verstehe schon, dass ich verblüfft sei – obwohl das verwirklichte Bilderbuch mit meinem Manuskript nun wirklich gar nichts zu tun habe. Man könne dies belegen, zweifelsfrei. Meine Aufregung sei demnach unbegründet.

Mit meinen anderen Geschichten möge ich mich gedulden oder diese aber zurückfordern. Dies sei ja mein gutes Recht.

Ich fühlte mich enttäuscht, deprimiert, ohnmächtig. Was konnte ich schon machen?

Schließlich informierte ich mich über das Thema „Urheberrecht" und erfuhr so manches, vor allem aber dies:

Nicht die Idee, sondern nur das Werk in veröffentlichter Form ist durch das Urheberrecht geschützt.

Wenn Sie mehr zum Thema „Urheberrecht" erfahren möchten: Goetz Buchholz' „Ratgeber Freie – Kunst und Medien" (siehe Service-Teil S. 158) bietet auch hierzu eine Fülle von Informationen.

> • Versuchen Sie sich vor Ideenklau zu schützen, indem Sie nie zu viel verraten.
>
> • Grämen Sie sich nicht, wenn es doch passiert. Ideen sind einfach nicht zu schützen.

Ich schrieb einen Antwortbrief, wies darauf hin, dass in meinen Augen noch immer nicht alles ausgeräumt sei, wies ferner darauf hin, dass ich nun eine grundsätzliche Entscheidung hinsichtlich des laufenden Geschichtenprojekts erwarte und bat darum, mir nun endgültig Genaues mitzuteilen ...

Um es kurz zu machen: Aus dem Geschichtenprojekt wurde nichts.

Erst Lob, dann Ernüchterung

Die Lehre, die ich aus dieser und vielen anderen Schlappen gezogen habe, ist, nie zu viel Hoffnung in eine Sache zu setzen. Auch was sich noch so gut anlässt, was noch so gut aussieht, was noch so gut klingt, kann sich nur allzu leicht zum Flop entwickeln. Mir war eben nicht bewusst, dass Verlage sich manche Dinge sozusagen „warm halten". Vielleicht wird mal was draus, vielleicht auch nicht. Das Risiko beim Verlag ist gleich null, die Motivationskurve beim Autor vernichtend.

Wenn man Ihnen also von Verlagsseite große Hoffnung macht, so freuen Sie sich. Immerhin ist Ihr Werk aus der Masse der unaufgefordert eingesandten Manuskripte herausgestochen. Das ist schon etwas sehr Besonderes. Aber freuen Sie sich nicht zu sehr: Es könnte tatsächlich und trotz großen Lobs nie etwas aus diesem Projekt werden. Wenn Sie ganz sicher gehen wollen, bestehen Sie – wie gesagt – auf Ausfertigung eines Vorvertrages. Wenn man auf diesen Wunsch nicht eingeht, können Sie sich entscheiden:

✐ Dem Verlag die kalte Schulter zeigen und es anderswo versuchen.

✐ Trotz Nichteingehen auf Ihren deutlich vorgetragenen Wunsch beim Verlag bleiben, weiter hoffen (und es dennoch gleichzeitig anderswo versuchen).

Verzagen Sie nicht, wenn trotz vieler anerkennender Verlags-Worte ein Projekt nichts wird. Immerhin haben Sie – im Gegensatz zu den meisten Manuskripteinsendern – anerkennende Worte erhalten und das heißt, dass Sie positiv aus der Masse herausgestochen sind.

Abschied von vertrauten Verlagspersonen

Auch die zweite unvollendete „Verlagsgeschichte", die Texte, die ich im Anschluss an das Erwachsenenbuchprojekt eingereicht hatte und die so sehr gelobt worden waren, entwickelte sich merkwürdig. Die ach so begeisterte Lektorin war plötzlich im Mutterschaftsurlaub und für mich somit nicht mehr zu sprechen, meine Texte schienen verschwunden, niemand war mit der Sache vertraut. Ich verabschiedete mich auch von dieser Hoffnung und blickte nach vorn.

Etliche Male im Laufe meines Autorinnenlebens war die Zusammenarbeit mit einer Lektorin plötzlich beendet, weil sie in Folge einer Schwangerschaft ihren Verlag verließ. Einmal kam es so heftig, dass ich, die ja immerhin auch dreimal schwanger gewesen und auch der Kinder wegen aus ihrem eigentlichen Beruf ausgestiegen war, mich regelrecht als Schwangerschafts-Opfer fühlte. Hintereinander waren mir mehrere feste Ansprechpartnerinnen verloren gegangen, weil sie sich in den Mutterschutz verabschiedeten. Auch wenn die Nachfolgerinnen oft nicht weniger nett und kompetent waren, empfand ich diesen Wechsel zunächst meist als belastend.

Nicht nur einmal habe ich einen Brief erhalten, der mit folgender oder ähnlicher Formulierung begann:

„Sehr geehrte Frau Brosche,

es gibt im Leben immer wieder Momente, in denen man sich entscheiden muss ..."

Jedes Mal hatte die Entscheidung Abschied bedeutet. Der entsprechende Lektor hatte einen anderen Job angenommen und war somit nicht mehr für mich zuständig.

- Stecken Sie nie zu viel Hoffnung in persönliche Beziehungen zu Verlagsleuten!

- Dokumentieren Sie möglichst alles schriftlich, sodass die Arbeit auch von und mit „Ersatzleuten" fortgesetzt werden kann.

Arbeiten mit dem PC

In dieser Zeit muss es gewesen sein, dass mein Mann mir dringend riet, einen PC zu kaufen. Bis dahin hatte ich all meine Kinderliteraturproduktionen und auch all meine Mutter-Geschichten, die ich nach wie vor in nicht zu kleiner Menge produzierte und veröffentlichte, mit der Schreibmaschine geschrieben.

Rüde wischte ich den PC-Vorschlag vom Tisch.

„Für so etwas gebe ich kein Geld aus."

„So berühmt bin ich nicht, dass sich das lohnen würde."

„Mit so etwas kann ich gar nicht umgehen."

Dies waren nur einige meiner Ablehnungsargumente. Bis ich eines Tages doch nachgab. Und eine der klügsten Entscheidungen meines Autorinnenlebens traf:

Ab jetzt nach Möglichkeit nur noch mit PC!

Was mir dieses Wundergerät in den folgenden Jahren ermöglichte und ersparte, lässt sich kaum mit Worten ausdrücken.

Weil es so vielerlei ist, was es mir ermöglichte und ersparte, versuche ich, mich auf die wichtigsten Vorteile zu beschränken:

✐ Tippfehler berichtigen:

Da ich ein begnadeter „Verschreiber" bin, immer sehr schnell tippe, aber leider auch sehr fehlerhaft, verbrauchte ich an der Schreibmaschine Korrekturband meterweise. Dank PC kein Thema mehr.

✐ Text überarbeiten:

Ich tippe nicht nur gerne sehr schnell, sondern denke und schreibe auch so. Mit dem Ergebnis, dass ich immer sehr viel überarbeiten muss. Mit der Schreibmaschine bedeutete dies ständig voll gekritzelte Manuskriptseiten und ständiges Neuschreiben.

Würde ich mir mehr Zeit lassen, wären meine Texte von Anfang an vielleicht endgültiger, aber ich würde nicht meinem ganz persönlichen Denk- und Arbeitstempo entsprechend schreiben. Und dies würde mich in meiner Kreativität hemmen. Also lasse ich es lieber laufen, wie es läuft und mache mich dann noch mal drüber. Was dank PC kein Thema ist.

✐ Satzteile oder Absätze umstellen:

Unzählige Male habe ich schon beschlossen: Dieser Absatz passt an anderer Stelle viel besser. Was dies für einen Schreibmaschinentäter bedeutet, weiß jeder, der schon einmal den zweiten Absatz von Seite 3 auf Seite 27 verschieben wollte. Mit PC – siehe oben.

✐ Löschen:

Was nicht gut ist, kommt raus. Kein Durchstreichen, kein X-en, einfach nur löschen. Einfacher geht's nicht.

✐ Sich bei eigenen Texten bedienen:

Immer wieder hatte ich das Gefühl: Zu diesem Thema hast du dir schon mal schriftlich Gedanken gemacht. Wenn dieses Etwas in der Zwischenzeit veröffentlicht war und mir die Rechte nicht mehr gehörten, hatte sich die Sache erledigt. War es aber ein Manuskript, das es noch nicht bis zur Veröffentlichung geschafft hatte, durfte ich mich ohne Hemmung bei mir selbst bedienen. Was mit PC nur eine Frage von ein paar Mausklicks ist.

✐ Suchen und Ersetzen:

Nicht nur einmal fing ich an, eine Geschichte zu schreiben, ehe ich mir sicher war, wie diese oder jene Figur heißen sollte. Um mich mit der Suche nach dem optimalen Namen nicht unnötig aufzuhalten, setzte ich Namen ein, die mir halbwegs passend erschienen. Hatte ich dann einen vermeintlich besseren gefunden, bediente ich mich der „Suche und Ersetze"-Funktion und konnte nun ausprobieren, wie die Geschichte nun klang. Einmal erlebte ich es auch, dass ein Verlag mein fertiges Manuskript annahm, aber auf der Änderung des Namens der kindlichen Hauptfigur bestand. Mit „Suche und Ersetze" kein Problem!

✎ Seitenzahlen:

So lange ich noch mit Maschine schrieb, nummerierte ich mein Manuskript meist zum guten Schluss von Hand. Was nicht eben professionell aussah. Der PC kann das besser.

Allerdings verhalf mir das moderne Wundergerät auch zu Erlebnissen der schockierenden Art. In der Anfangszeit des öfteren, heute nur noch äußerst selten, habe ich ganze Dateien aus Versehen regelrecht vernichtet. Meine Ratlosigkeit, ja Verzweiflung kannte keine Grenzen, wenn mir bewusst wurde, dass ich nirgends, ja wirklich nirgends Spuren meines Schaffens wiederfinden würde. Dass alles wirklich weg war. Dass ich auf das angewiesen war, was ich noch im Kopf gespeichert hatte. Weil ich eben auf dem PC falsch oder gar nicht gespeichert hatte.

Dabei stellte ich immer wieder fest, dass mein Kopf recht schlecht speichert. Mir fielen viele gute Ideen und Formulierungen nicht mehr ein. Mein Erinnerungsvermögen beschränkte sich leider darauf, ganz genau zu wissen, dass ich an dieser Stelle sehr gut formuliert hatte. Wie ich es getan hatte, teilte es mir nicht mehr mit. Und das deprimierte, ja lähmte mich kurzzeitig regelrecht.

Nicht nur einmal musste mein lieber Mann eine Nachtschicht einlegen, weil ich um Wiederherstellung des heilen Zustands flehte. Manchmal – abhängig vom Gründlichkeitsgrad der Vernichtung – gelang es ihm, manchmal nicht. Ihm sei an dieser Stelle noch einmal herzlicher Dank.

Tja, und darin sehe ich den großen, ja fast den einzigen Nachteil des neuen Mediums: Abhängigkeit, totale Abhängigkeit ...

Stromausfall – sense. Und auch der stärkste Akku eines Notebooks ist irgendwann leer. Jede Fehlbedienung rächt sich. Man muss ja nicht gleich ganze Dateien verschwinden lassen, ein wohl formulierter, und dann versehentlich gelöschter Abschnitt reicht vollkommen, um an den Rande der Autorendepression getrieben zu werden.

Dennoch bin ich mir ganz sicher, dass ich ohne das Wunderding vor allem quantitativ erheblich weniger geschafft hätte.

Was ich mir – offen gestanden – gar nicht mehr vorstellen kann: Dass so viele Autoren in „früheren" Zeiten ohne den Computer Umfangreiches und Hervorragendes zustande gebracht haben.

- Nehmen Sie den PC als riesengroße Hilfe an.
- Verzagen Sie nicht, wenn Sie Murks gebaut haben. Murks am PC passiert einfach.
- Versuchen Sie aber, den Murks in Grenzen zu halten, sonst kennt die Verzweiflung keine Grenzen.
- Wenn Sie eine tiefe innere Abneigung gegen PC und Konsorten hegen, lassen Sie sich von einem geduldigen Fachmann alles erklären.
- Wenn die Abneigung immer noch besteht, schreiben Sie weiter mit der Schreibmaschine.

Beflügelt durch das Kinderbuchautorenseminar schrieb ich eine neue größere Geschichte und schickte sie der an früherer Stelle erwähnten, engagierten Verlagsgründerin zur Beurteilung zu. Sie zeigte sich außerordentlich angetan von meinem neuen Stil und ermunterte mich, die Hauptfigur der Geschichte zur Hauptfigur eines Kinderromans werden zu lassen. Ich beschloss, das Experiment zu wagen. Immerhin hatte ich bisher nur kurze Formen zustande gebracht.

Frau Schneider, die sich nach wie vor nicht nur meinen Kindern, sondern auch meiner „Karriere" widmete, schenkte mir eine hübsche kleine Keramik, um diesen Meilenstein „Kinderroman" in meiner Entwicklung gebührend zu markieren.

Ein Schreibwettbewerb

Mitten in der Arbeit am nagelneuen Kinderroman stach mir – wieder in der schon des öfteren erwähnten Fachzeitschrift – eine Ausschreibung ins Auge:

Journalisten-Wettbewerb 1991 –
Geschichten aus dem Wasaland

Das klang doch gar nicht schlecht.

Noch immer beseelt vom Lernzuwachs durch das Seminar ließ ich mir die Unterlagen kommen.

Wenige Tage später konnte ich darin nachlesen, dass ich teilnehmen könne, wenn ich freier Autor oder Journalist bzw. Redakteur sei. Der eingereichte Beitrag müsse bislang unveröffentlicht und dürfe nicht mehr als 20 Normseiten lang sein.

Dann aber kam der Haken. Um einen Einblick in das Wasaland – von dem meine Geschichte ja erzählen sollte – zu bekommen, sollte ich mir beiliegende Information „Leben im Wasaland" zu Gemüte führen. Das tat ich. Und erschrak. Das dargestellte Szenario erinnerte stark an Astrid Lindgren und ihre Geschichten aus einer heilen, ländlichen Schweden-Welt. So sehr ich Lindgrens Bullerbü liebe, ja schon als Kind geliebt habe, so sicher war ich mir zunächst, dass ich selbst dies nun ganz bestimmt nicht schreibend verarbeiten könnte. Erstens klang mir das für die heutige Zeit viel zu heil, und zweitens hatte ich – im Gegensatz zu Astrid Lindgren – keinerlei Erfahrungen mit und Erinnerungen an eine solche heile Welt.

Doch der Wettbewerb ließ mich nicht los. Immerhin hieß es, dass die besten Geschichten als Kinderbuch bei einem namhaften Verlag erscheinen sollten. Und: Der Vorsitzende der Jury sollte kein anderer als James Krüss höchstpersönlich sein.

Irgendwann fand ich den Dreh, die Erfahrungen eines ganz normalen Kindes aus „meiner" Welt mit der Idylle des Wasalandes zu verknüpfen. Bei uns im Dorf hatte es nämlich gerade erst einen Luftballonwettbewerb gegeben, und der brachte mich auf die zündende Idee.

Nun packte mich das große Schreibfieber.

Da ich immer wieder gehört hatte und dies auch absolut bejahte, man könne nur über Dinge schreiben, von denen man wirklich Ahnung hat, war nun Information über ländliches Kinderleben à la Schweden angesagt. Welch Glück, dass eine meiner Nachbarinnen gebürtige Schwedin war und auch noch hervorragend Deutsch sprach! Sie verschaffte mir den nötigen Einblick, brachte mich auf gute Ideen und lieferte den Namen für meine Hauptfigur. Ylwa hieß diese von Stund an, und damit war der jüngsten Tochter besagter Schwedin flugs ein kleines „literarisches" Denkmal gesetzt.

Zuletzt brachte ich eine für meine Verhältnisse ungewöhnlich lange Geschichte zustande, die mir selbst – und Frau Schneider (!) – gut gefiel. Bis in der Nacht vor dem Abgabetermin feilte ich an ihr, dann schickte ich sie los – unter dem bewusst doppeldeutigen Titel „Der Wind weht manchmal anders".

Hier ein kleiner Ausschnitt, der zeigt, wie die Luftballon-Idee und die Schweden-Informationen Umsetzung fanden:

... Ylwa trug den blauen Luftballon wie ein kostbares Gut in ihrem Arm. Sie wollte ihn auf gar keinen Fall verlieren.

Schnell umringten sie die anderen Kinder.

„Wo der nur herkommen mag?", rätselten alle.

Nur einmal in den letzten Jahren hatte eine Gruppe von ihnen einen solchen Luftballon gefunden. Aber der war aus dem Nachbarstädtchen hergeweht worden. Und nun eine Karte aus dem Ausland? Es war richtig aufregend.

„Ich werde Mama fragen oder Murmur", rief Ylwa und war schon wieder unterwegs.

....

Im alten Holzhaus der Sundins saß Michel immer noch über seinen Aufgaben, Mama bügelte Wäsche, und Murmur blätterte in der Tageszeitung. Alle drei blickten erstaunt auf, als die aufgeregte Schar hereinstürmte.

Und dann war das Rätsel ganz schnell gelöst.

Murmur warf nur einen kurzen Blick auf die Karte.

„Die kommt aus Deutschland", sagte sie, als ob dies das Selbstverständlichste von der Welt wäre.

„Aus Deutschland?" wiederholten alle verständnislos.

„Dann müsste der Luftballon ja übers Meer geflogen sein", wunderte sich Mama.

„Der Wind müsste ganz merkwürdig geweht haben", meinte Michel, der sich sehr für Erd- und Wetterkunde interessierte.

„Der Wind weht eben manchmal anders", stellte Murmur fest und schlug dann vor, zu ihrer Freundin Frida Quist zu gehen. Die konnte nämlich Deutsch.

....

Nur mit Mühe fanden sie alle um den alten Holztisch Platz. Die Kleinen, wie Bengt und Tove, wurden einfach auf den Schoß genommen, und dann endlich waren alle Augen auf Frida gerichtet.

Die holte erst noch umständlich ihre Lesebrille aus der Schublade und las dann langsam die Übersetzung vor:

Lieber Finder!

Ich heiße Andreas Baumann, bin 13 Jahre alt und wohne in Seestadt, Große Horst 22. Dies ist ein Wettbewerb. Schreib mir bitte!

Dein Andreas

Obwohl Seestadt ein von mir erfundener Ort war, hatte ich mich vorher selbstverständlich auch noch über Windrichtungen und Entfernungen schlau gemacht. Wenn auch erfunden, musste die Geschichte doch möglich und in sich stimmig sein.

Ich stellte beim Schreiben fest, dass es sich höchst positiv auf mich, meine Konzentration und Leistungsbereitschaft auswirkte, dass ich wusste:

✐ Diese meine Geschichte wird gelesen werden.

✐ Hier geht es um etwas.

- Halten Sie die Augen nach Schreibwettbewerben und Ausschreibungen offen und nehmen Sie – wenn irgend möglich – daran teil.
- Verschaffen Sie sich Informationen zur Thematik.

Meine erste illustrierte Kindergeschichte – ein weiterer Kontakt

Inzwischen traf ein Päckchen bei mir ein: Die Belegexemplare des Gute-Nacht-Geschichten-Buches, über zwei Jahre nach Annahme meines Textes!

Gerührt blätterte ich mich zu meiner Geschichte durch. Meine allererste veröffentlichte und bebilderte Kindergeschichte! Und bebildert war sie gar nicht schlecht, wie ich fand. Ich hatte nämlich einen „eher schlichten" Stil befürchtet, so wie man ihn von gewissen Geschichtenbüchern kennt, und wurde ausgesprochen angenehm überrascht.

Spontan beschloss ich, aktiv zu werden. Ich rief im Verlag an, teilte meine Freude über das schöne Buch und die schönen Bilder mit und ließ die nette, ob meines Lobs hoch erfreute Verlagsdame wissen, dass ich auch der Urheberin der schönen Bilder gerne meine Freude mitteilen würde. Und so tat ich wenig später, was nun mal meine Leidenschaft ist: Ich telefonierte.

Natürlich wusste ich nicht, wie die Illustratorin reagieren würde. Ich wusste auch nicht, wie renommiert sie war. Ob sie auch nur das leiseste Interesse an einem Kontakt zu einer noch immer unbekannten Möchtegern-Autorin verspürte, wusste ich ebenfalls nicht. Ich wusste noch nicht mal genau, warum ich eigentlich anrief. Aber ich tat es.

Zu meiner Freude freute sich die Illustratorin sehr über mein Lob. Wie sich herausstellte, fühlte auch sie sich eher noch am Anfang ihrer Illustratorenlaufbahn. Wir unterhielten uns lange und gut und beschlossen, den Kontakt zu halten.

In der Folge tauschten wir uns immer wieder aus, fassten gemeinsame Projekte ins Auge, sprachen uns Mut zu und freundeten uns an.

> Hören Sie auf Ihren Instinkt, wenn es um Kontakte geht. Was kann denn schon passieren?

Hurra, ich wurde ausgewählt!

Ich selbst schrieb weiterhin Geschichten aus dem Mutterleben, für die ich immer und Geschichten für Kinder, für die ich nie Abnehmer fand.

Da schellte irgendwann, etwa ein halbes Jahr nach dem Abgabetermin des Autorenwettbewerbs, das Telefon. Am anderen Ende ein Herr, der mir mitteilte, meine Geschichte sei unter über 50 Einsendungen – mit vier anderen – ausgewählt worden, in Buchform zu erscheinen.

Ich schwamm im Glück.

Und dachte, ab diesem Moment könne mich nichts mehr aufhalten.

Konnte es aber doch.

Obwohl das fertige Buch, das einige Monate später bei mir eintraf, meines Erachtens recht gut gelungen war, obwohl mir meine Geschichte auch gedruckt noch immer gefiel, obwohl der Name des Herausgebers James Krüss sogar auf der Titelseite prangte und obwohl der Rückseitentext ausgerechnet mit einem Ausschnitt aus meiner Geschichte begann:

Hallo Ylwa! Weißt du, dass ich vom Wasaland nicht viel kenne, nur altmodische Autos, Holzmöbel und Knäckebrot? Erzählst du mir mehr davon?

schreibt Andy aus Deutschland seiner schwedischen Brieffreundin Ylwa. Und Ylwa, aber auch Eika, Sven und Björn erzählen ...

obwohl dies alles doch recht positiv war, konnte nicht unbedingt die Rede von einem Durchbruch meinerseits sein.

Immerhin aber war das Buch im Neuheiten-Prospekt des Kinderbuchverlages so angekündigt worden:

JAMES KRÜSS GIBT HERAUS:

Einfühlsame Geschichten junger Erzähltalente ...

Nun hatte ich es also schriftlich: Ich war ein junges Erzähltalent.

Das mit dem „jung" nahm ich nicht ganz so ernst – immerhin war ich damals schon 38 Jahre alt – aber das „Erzähltalent" tat mir außerordentlich gut.

Ich erhielt damals fünf Belegexemplare. Vertraglich zugesichert war nur ein Freiexemplar gewesen, aber man zeigte sich großzügig.

Normalerweise – wie ich bei späteren Buchveröffentlichungen immer wieder erleben konnte – wird die vertraglich festgelegte Anzahl genau eingehalten. Das heißt im Klartext:

Wenn im Vertrag steht, dass mir pro tausend Stück Auflage zwei Exemplare zustehen, dann sind das bei einer Auflage von 5.000 eben zehn Stück. Jedes Exemplar mehr, das ich zum Zwecke des Verschenkens anfordere, muss ich selbst kaufen. Verlage gewähren ihren Autoren und Illustratoren zwar einen Rabatt von ca. 35 bis 50 %, aber geschenkt gibt es über die Belegexemplare hinaus nichts mehr.

> Gehen Sie sparsam mit Belegexemplaren um oder kalkulieren Sie von vornherein Ausgaben für nachgeforderte Exemplare ein.

Die Belegexemplare sind gekommen!

➡ Wieder ein Kontakt

Immerhin verschaffte mir das Buch aber die Möglichkeit, auf eine weitere Veröffentlichung zu verweisen, und es verschaffte mir Kontakt zur Lektorin des namhaften Verlages.

Sie wirkte übrigens recht interessiert an mir und ermunterte mich, ihr weitere Texte zu schicken. Dies tat ich, worauf sich wieder einmal nichts tat.

Inzwischen allerdings hatte sich in mir die Idee eines Anti-Quengel-Buches festgesetzt, eines Buches also, das Kinder in Quengelsituationen wie Autofahrt, Restaurantbesuch, Wartezimmer, ... bei Laune halten sollte. Ich bastelte ein wenig an der Idee, reichte sie bei besagtem namhaften Verlag ein, erhielt eine Einladung in den Verlag, führte dort ein paar angenehme Gespräche und verließ „meine" Lektorin und deren Vorgesetzte mit dem Auftrag, Geschichten in einer ganz bestimmten Richtung zu verfassen.

Wieder einmal hatte ich ein gutes Gefühl.

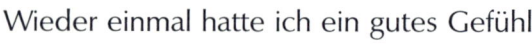

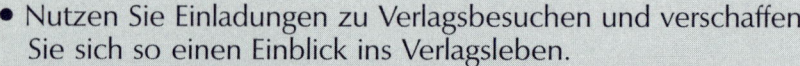

- Nutzen Sie Einladungen zu Verlagsbesuchen und verschaffen Sie sich so einen Einblick ins Verlagsleben.

- Lassen Sie sich von den bei dieser Gelegenheit geführten Gesprächen motivieren, aber setzen Sie nicht zu viel Hoffnung in sie.

➡ Literaturagenturen

Inzwischen tat sich etwas anderes. In einer regionalen Zeitung hatte ich einen Artikel über einen ganz in meiner Nähe beheimateten Erfolgsautor gelesen, der sich sein Geld außer mit dem Schreiben von Büchern auch als Betreiber einer Medien-Agentur verdiente. Kurzerhand rief ich ihn an, schilderte ihm meinen bisherigen Werdegang und erfuhr von ihm nicht nur Ermunterung, sondern auch die erfreuliche Nachricht, dass er sich gerne für mich einsetzen werde. Geld sei erst fällig, wenn ein Vertragsabschluss zustande käme. Kein Risiko also.

Wie ich inzwischen weiß, ist gerade dies ein Kriterium bei der Auswahl einer Literaturagentur, nämlich dass erst bei erfolgter Vertragsvermittlung gezahlt werden muss.

Davor steht natürlich die Überlegung, ob man überhaupt bereit ist, sich in die Hände einer Literaturagentur zu begeben. Immerhin sahnt vom Erlös des fertigen Buchproduktes einer mit ab, der keine Zeile dieses Produktes geschrieben hat.

Andernteils ist es für einen Autor, der noch am Anfang steht, außerordentlich schwierig, einen Auftrag überhaupt zu ergattern. Literaturagenturen aber wissen, was im Moment gefragt ist. Sie haben Einblick in die Bedürfnisse der Verlage und sie haben Kontakte.

Näheres unter *www.uschtrin.de/litag.html*

- Vertrauen Sie sich einer Literaturagentur an, wenn sich von selbst so gar nichts tun will.
- Achten Sie bei der Auswahl der Agentur darauf, dass redlich gearbeitet wird.
- Begeben Sie sich nicht in Knebelverträge, die sie für Jahre oder ein Autorenleben an eine Agentur binden.

Mein erstes eigenes Buch

Ich ließ „meinem" Agenten einen Packen Manuskripte – sowohl Erwachsenen- als auch Kinder-Schiene – zukommen und hoffte wieder einmal.

Kurz darauf teilte er mir mit, er habe zwar im Moment keine Verwendung für das Eingesandte, aber einen Verlag an der Hand, der heitere Geschenkbücher produziere. Heiter bis flapsig zu schreiben, hatte ich in meinen zahlreichen Mutter-Glossen zur Genüge geübt, und so fühlte ich mich angesprochen.

Nach einigem Hin und Her hatte ich den Auftrag für mein erstes eigenes Buch in der Tasche.

„Heiteres Überlebenstraining für Tolpatsche" war der Titel, und an diesem Projekt konnte ich mich, auch auf Grund höchster persönlicher Fachqualifikation, so richtig austoben. In diesem Fall musste ich keinen anderen Menschen zu Rate ziehen, um „über etwas zu schreiben, wovon man wirklich Ahnung hat".

Mittlerweile stand die Frankfurter Buchmesse vor der Tür, und der kleine Verlag, für den ich dank Agent arbeiten durfte, lud mich ein, ihn dort zu besuchen.

Inzwischen hatte ich – angeregt durch meine Nachbarin (noch einmal danke, liebe Christa!) – eine weitere Geschenkbuchidee geboren, die ich bei diesem Messebesuch vorschlug. Tatsächlich ging man auch auf meinen zweiten Vorschlag ein, und so fuhr ich mit einem weiteren Auftrag in der Tasche nach Hause.

Für „Das Schnupftabakbuch" musste ich heftig recherchieren und sogar herumreisen, aber auch diese Arbeit tat ich ausgesprochen gerne. Bald erschienen also zwei Bücher von mir, auf die ich – auch wenn es keine Kinderbücher waren – sehr stolz war.

Der kleine Verlag, in dem die Bücher erschienen, war natürlich nicht nur klein, sondern auch nicht besonders finanzstark. Außerdem musste ich dem Agenten ja einige Prozente abgeben. Dennoch habe ich diese beiden Projekte nie bereut, denn sie öffneten mir die Tür zu weiteren Projekten.

- Greifen Sie zu, wenn Sie einen Auftrag bekommen, der Ihnen liegt.

- Greifen Sie auch dann zu, wenn Sie am Anfang nicht die große Ahnung haben. Man kann sich informieren.

- Informieren Sie sich sogar sehr gründlich, wenn es um sachliche Richtigkeit geht, damit Ihnen niemand am Zeug flicken kann und damit Sie Ihre Glaubwürdigkeit nicht aufs Spiel setzen.

- Grämen Sie sich nicht, wenn der Rubel bei den ersten Büchern noch nicht so rollt, wie Sie sich das gewünscht hätten. Sehen Sie diese ersten Bücher als Einstieg.

Der Verband deutscher Schriftsteller (VS)

Ich hatte mich in der Zwischenzeit über Autorenverbände informiert und war zu dem Schluss gekommen, dass ich gerne dem Verband deutscher Schriftsteller (VS) beitreten würde. Nun wagte ich es dank meiner ersten Buchveröffentlichung, mich um eine Mitgliedschaft zu bewerben.

Laut Geschäftsordnung des VS gelten folgende Aufnahmekriterien:

„Mitglieder können alle haupt- und nebenberuflichen deutschsprachigen Autorinnen und Autoren, Übersetzerinnen und Übersetzer sowie alle auf dem Gebiet der Bundesrepublik lebenden fremdsprachigen Schriftsteller werden, die ihr fachliches Können durch

⬥ eine (nicht selbst finanzierte) Buchveröffentlichung,

⬥ eine Sendung oder Aufführung eines Hör- oder Fernsehspiels, Theaterstücks oder Films

⬥ mehrere Veröffentlichungen in literarischen Anthologien, Literaturzeitschriften, elektronischen Medien und Feuilletons, entsprechende Veröffentlichungen als literarische Übersetzerin oder Übersetzer oder

⬥ eine vergleichbare literarische Tätigkeit nachgewiesen haben.

Außerdem können Inhaber und Inhaberinnen von ererbten Urheberrechten Mitglied werden."

Tja, ich hatte wohl mein fachliches Können hinreichend unter Beweis gestellt und wurde prompt aufgenommen.

Ohne plumpe Werbung betreiben zu wollen, seien hier einige der Vorteile einer Mitgliedschaft im VS aufgelistet:

⬥ kostenloser Rechtsschutz in allen berufsbedingten Rechtsstreitigkeiten;

⬥ kostenlose Rechtsberatung bei Vertragsabschlüssen in allen urheberrechtlichen, Steuer- und Versicherungsproblemen;

⬥ kostenlose Beratung bei beruflichen Problemen;

⬥ Rabatte beim Abschluss von Kranken-Zusatzversicherungen;

- finanzielle Unterstützung bei Freizeitunfällen;
- kostenlos die medien- und kulturpolitische Zeitschrift Kunst & Kultur (monatlich) bzw. das Fachblatt Übersetzen;
- Berufskundeseminare und Workshops auf Landes- und Bundesebene;
- Förderung und Pflege der internationalen Schriftstellerkontakte und Austausch;
- die Möglichkeit, über die internationalen Kontakte des VS ausländische Kolleginnen und Kollegen und andere Kulturen kennenzulernen;
- Arbeitsaufenthalte in den Schriftsteller- und Übersetzerzentren in Visby/Gotland und Rhodos;
- die Möglichkeit, Reisekostenzuschüsse zu bekommen, wenn für literarische Projekte Auslandsrecherchen erforderlich werden;
- Seminare unter Leitung erfahrener Autoren und Lektoren, zum Beispiel in den Bereichen literarische Übersetzung, Lyrik, Kinderbuch, Kriminalroman, Hörspiel oder Film- und TV-Drehbuch (gemeinsam mit der Bertelsmann-Stiftung, dem Deutschen Literaturfonds und der Stiftung Buch und Medien);
- Professionalisierungsseminare für Autorinnen und Autoren, Übersetzerinnen und Übersetzer in den Bildungszentren der IG Medien in Springen und Hörste.

Ein Vorteil am Rande war also auch: Ich erhielt nun automatisch und kostenfrei die Fachzeitschrift, die ich bis dahin abonniert hatte.

Wer Näheres zum VS wissen möchte, kann sich informieren bei der

VS-Bundesgeschäftsstelle
Postfach 102451
70020 Stuttgart
Telefon: 0711/2018237
Telefax: 0711/2018300
E-Mail: *vs@igmedien.de*
www.igmedien.de/fg/vs

Wer sich über weitere Autorenvereinigungen informieren möchte, kann dies unter *www.uschtrin.de/vereini.html* tun.

> Um erfolgreich zu werden, müssen Sie keinem Autorenverband beitreten. Überlegen Sie sich aber gut, ob Sie dies nicht doch tun, denn es bietet Vorteile.

Schreiben, schreiben, schreiben ...

Inzwischen hatte ich auch gemeinsam mit der Telefonbekanntschafts-Illustratorin, Zora Davidovic, ein Bilderbuchprojekt bei einem weiteren Verlag eingereicht, und der wirkte nicht gänzlich uninteressiert. Mit der Lektorin, die ich auf diesem Wege kennen lernte, verstand ich mich auf Anhieb gut, von ihr wurde ich in den Verlag eingeladen, und im Laufe der nächsten Jahre verhalf sie einigen meiner Texte ans Licht der Öffentlichkeit.

Während alledem schrieb ich beharrlich weiter an meinem Kinderroman. Ich erinnere mich noch gut, wie ich während des Schreibens bereits eine Art Widmung im Kopf hatte, die da lautete:

Mein besonderer Dank gilt

der Gruppe Runrig (die ich damals in kreativen Phasen ständig hörte) und

dem Chianti-Wein der Marke ... (den ich damals in kreativen Phasen gerne zu mir nahm),

ohne die dieses Buch wohl nicht zustande gekommen wäre.

Das Buch kam auch mit Hilfe von Runrig und Chianti-Wein niemals zustande, aber das wusste ich damals ja – glücklicherweise – noch nicht.

- Glauben Sie an sich, auch wenn sich gerade nichts tut.
- Betrachten Sie Texte, die nie das Licht der Öffentlichkeit erblicken, nicht als Misserfolg, sondern als Schreibübungen, die Sie weiterbringen.

Veröffentlichungsmöglichkeiten

Über den in meiner Nähe beheimateten Agenten gelang es mir noch im selben Jahr, einen Verlag für mein Anti-Quengel-Buch zu finden. In „Kinder bei Laune halten" konnte ich eine Reihe der von mir bis dato verfassten Geschichten unterbringen, sodass ich – obwohl es ja ein Buch war, das sich an Eltern richtete – das Gefühl hatte, mein erstes eigenes Kinderbuch vollbracht zu haben.

Überhaupt sollte, wer für Kinder schreibt, sich nicht auf die Veröffentlichung eines ganzen Buches fixieren.

Mehr Chancen hat, wer auch andere Möglichkeiten mit in Betracht zieht:

- Anthologien
- Beschäftigungsbücher
- Kinderzeitschriften
- Kinderseiten von Zeitschriften
- Rundfunk
- Fernsehen

Warten Sie nicht darauf, Ihr erstes eigenes Kinderbuch schreiben zu dürfen, sondern sehen Sie auch Anthologien, Beschäftigungsbücher und Ähnliches als Erfolg an, sofern Geschichten von Ihnen veröffentlicht werden.

Die Werbetrommel auch für andere rühren

Daneben gelang mir noch etwas: Den Auftrag zur Illustration erhielt die junge Zeichnerin, die mir vor Jahren Bilder zu meinem allerersten Kinderbuch geliefert und inzwischen heftig an sich gearbeitet hatte. Mein Rühren der Werbetrommel war von Erfolg gekrönt gewesen!

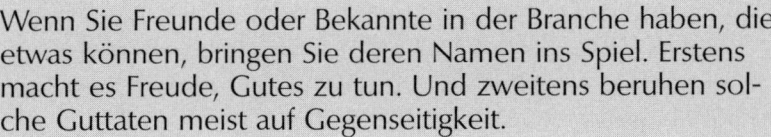

Wenn Sie Freunde oder Bekannte in der Branche haben, die etwas können, bringen Sie deren Namen ins Spiel. Erstens macht es Freude, Gutes zu tun. Und zweitens beruhen solche Guttaten meist auf Gegenseitigkeit.

Endlich etwas vorzuzeigen

Als die beiden oben erwähnten Geschenkbücher eine Weile auf dem Markt waren, beschloss ich, mich auch bei einem anderen Geschenkbuchverlag zu bewerben und stellte fest, dass eine Neubewerbung mit bereits vorzeigbaren Titeln die Sache doch weitaus angenehmer machte.

Immerhin musste ich nun nicht mehr den Beweis antreten, dass ich schreiben konnte, sondern lediglich Probeexemplare meiner beiden Geschenkbuchveröffentlichungen vorlegen. Daraufhin zeigte man sich interessiert.

Tatsächlich entwickelte sich eine Zusammenarbeit im doppelten Sinne, nämlich eine Zusammenarbeit mit dem erwähnten Geschenkbuchverlag und eine Zusammenarbeit mit meiner Freundin und Kollegin Astrid Rösel. Zwei heitere Wörterbücher erschienen so in Co-Autorenschaft.

Wagen Sie sich mit Ihren Veröffentlichungen auch auf neues Terrain.

Rundfunk

In der gleichen Zeit reichte ich wieder einmal kürzere Kindergeschichten beim Rundfunk ein, und siehe da, diesmal erhielt ich ein paar Zusagen. Ich glaube nicht, dass ich dieses Mal mehr Glück hatte. Ich glaube, diese neuen Geschichten waren wohl einfach besser als die erstmals eingesandten.

Wenn Sie selbst das Gefühl haben, sich weiterentwickelt und damit bessere Geschichten zustande gebracht zu haben, versuchen Sie es wieder, auch wenn Sie an gleicher Stelle schon einmal abgeschmettert worden sind.

So ganz allmählich begann ich Geld zu verdienen.

An dieser Stelle ein kleiner Exkurs zum leidigen Thema.

Hätte ich in den vergangenen Jahren meine Familie mit meiner Schreibtätigkeit ernähren müssen, wären wir alle jämmerlich verhungert. Diese Anfangszeit ist – sofern man nicht ein absolutes Durchstarter-Genie ist – nur zu überstehen, wenn man andere Einnahmequellen, ja sogar andere Haupteinnahmequellen hat. In meinem Fall fungierte als Hauternährer der Familie der Ehemann. Ich selbst befand mich ja eigentlich in dem, was man so schön Urlaub zum Zwecke der Erziehung des eigenen Nachwuchses nennt.

Tatsächlich war das Schreiben eine Art Nebentätigkeit bei mir, ich nutzte damals einfach jede freie Minute fürs Schreiben. Wann immer es meine Mutterpflichten zuließen, klemmte ich mich – auch bei schönem Wetter, auch nach anstrengendem Tagesgeschäft – hinter den Bildschirm. Und schrieb, was das Zeug hielt. Eben weil es zu meiner Leidenschaft geworden war. Manchmal fühlte ich mich für kurze Zeit den Kindern in meinen Büchern näher als meinen eigenen. Vor allem dann natürlich, wenn letztere mir nicht zu Gefallen waren. Dann konnte es schon vorkommen, dass ich mich während eines lautstarken Mittagessens nach meinen Fantasiefiguren sehnte.

Zunehmend betrachtete ich das Schreiben als Arbeit und nicht mehr nur als Ausgleich zu den besagten Mutter- und Hausfrauenpflichten. Als Arbeit, die ich – meist – sehr gerne tat.

Meist, das heißt, dass es auch schreckliche Phasen gab. Phasen, in denen ich an mir zweifelte. Phasen, in denen ich das Gefühl hatte, rein gar nichts zu können. Phasen, in denen mir nichts mehr einfallen wollte.

Ich betrachtete das Schreiben also als Arbeit. Und für eine Arbeit steht dem Menschen, sofern er nicht gerade als Hausfrau und Mutter tätig ist, ja in der Regel Lohn zu.

→ Steuern

Dieser Lohn stellte sich nun in Form von mehr oder weniger tröpfchenweise eintreffenden Honoraren ein. Was nichts anderes hieß, als dass ich Steuern bezahlen musste. Was aber auch nichts anderes hieß, als dass ich alle im Rahmen der Autorentätigkeit anfallenden Ausgaben von der Steuer absetzen konnte, als da sind:

✐ Portokosten

✐ Telefon-, Fax-, Internetgebühren

✐ Ausgaben für Bürobedarf wie Drucker-Papier, Briefumschläge, ...

✐ Ausgaben für Fachliteratur

✐ Anschaffungskosten für Geräte wie PC, Faxgerät, Kopierer, ...

✐ Ausgaben für betriebliche Fahrten, zum Beispiel zur Buchmesse

✐ Ausgaben für Bewirtung, zum Beispiel bei Arbeitsgesprächen

✐ Beiträge zu Fachverbänden

Wenn Sie Genaueres zum Thema wissen möchten, können Sie sich auch hierzu informieren in Goetz Buchholz' „Ratgeber Freie – Kunst und Medien" (siehe Service-Teil S. 158).

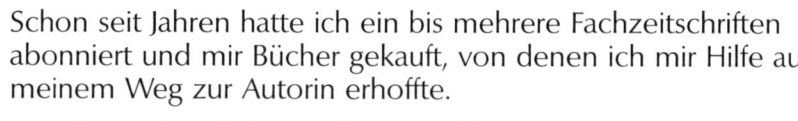

Geben Sie bei der Steuererklärung alle Honorare an, die Sie erhalten haben, aber versuchen Sie auch, so viel wie möglich an Ausgaben geltend zu machen.

→ Fachliteratur

Schon seit Jahren hatte ich ein bis mehrere Fachzeitschriften abonniert und mir Bücher gekauft, von denen ich mir Hilfe auf meinem Weg zur Autorin erhoffte.

Zunehmend auch legte ich mir Fachliteratur in Form von Duden und Lexika zu. Als besonders wertvoll haben sich für mich außer dem Duden bzw. Wahrig der Rechtschreibung

- der Duden der Redewendungen,
- der Duden der Zitate und Aussprüche,
- der Duden der sinn- und sachverwandten Wörter bzw. Textors „Sag es treffender" (rororo) und
- Steputats „Reimlexikon" (Reclam)

erwiesen.

> Scheuen Sie auf keinen Fall die Ausgaben für Fachliteratur, wenn Sie es ernst meinen mit dem Schreiben. Sie gehören zu Ihrem Werkzeug, und sie lassen sich von der Steuer absetzen.

Absage für mein neuestes Werk

Mittlerweile war mein Kinderroman fertig geworden, hatte aber entgegen meiner Erwartung keine offenen Türen eingerannt. Die nette engagierte Verlagsgründerin hatte sich zwar recht wohlwollend über das fertige Werk geäußert, mir noch ein paar sehr konkrete Tipps gegeben, mich zwecks Veröffentlichung aber an andere Verlage verwiesen, da ihr junger Verlag zu diesem Zeitpunkt erheblich zu kämpfen hatte. Damit ich mich leichter tat mit der Suche nach einem passenden Verlag, legte sie ihrer Antwort den Vorläufer der eingangs erwähnten Broschüre „Kinder- und Jugendbuchverlage von A bis Z" bei, das mir außerordentlich wertvolle Informationen rund um die Verlagslandschaft lieferte.

Die Reaktionen der einzelnen Verlage, die ich mit diesem meinem ersten Kinderroman beglückte, waren recht unterschiedlich. Von verhaltenem Lob bis zu völligem Verriss war alles geboten. Vertrag erhielt ich keinen. Glücklicherweise hatte mein Fell in der Zwischenzeit erheblich an Dicke zugenommen, sodass mir dieser Misserfolg nicht mehr allzu viel anhaben konnte.

Lassen Sie sich nicht beirren, wenn auch nach einer Reihe von Veröffentlichungen immer wieder mal Misserfolge eintreten.

→ *Inspiration durch Kontakte*

Mit Zora Davidovic, der Illustratorin, traf ich mich in der nächsten Zeit des Öfteren, und wir stellten fest, dass uns diese Treffen außerordentlich inspirierten.

So entwickelten wir während eines gemeinsamen Spaziergangs eine Kindergedicht-Idee, die ich sofort umsetzte. Auf der Heimfahrt von einem Besuch bei ihr produzierte ich die ganze Bahnfahrt hindurch: ein Gedicht, eine Geschichte und jede Menge Rätselideen. Beide Gedichte, das Bahnfahrt- und das Spaziergang-Gedicht, erschienen später, illustriert von Zora, die mir mittlerweile zur Freundin geworden war, im Velber-Jahrbuch, was wir als großen Erfolg verbuchten.

Ab da betätigte ich mich immer wieder mal als Kindergedicht-Autorin und stellte fest, dass mir auch diese Art zu schreiben ausgesprochen viel gab.

• Lassen Sie sich von Kontakten und Gesprächen inspirieren.

• Freuen Sie sich, wenn Sie plötzlich neue, bisher verborgene Talente an sich entdecken.

Eines Tages erhielt ich – als Folge meines „Kinder-bei-Laune-halten"-Buches – den Auftrag für ein weiteres Beschäftigungsbuch. Mit Feuereifer machte ich mich daran, konnte wieder einmal Gedichte, Geschichten und jede Menge Beschäftigungsideen unterbringen. So war recht plötzlich ein weiteres Kinderbuch von mir auf dem Markt.

Mittlerweile ergab es sich auch durch meine Mitarbeit an einer der erwähnten Elternzeitschriften, dass ich ab und zu Sachthemen kindgemäß aufbereitete. Im Laufe der Zeit blieb es nicht bei diesen Zeitschriftenbeiträgen, sondern ich lieferte auch

Sachbeiträge für die damals noch alljährlich erscheinenden Schüler-Sachbücher zu den verschiedensten Themen.

Während ich an diesen und anderen Projekten – die Muttergeschichten liefen weiter, ich hatte inzwischen mein Repertoire erweitert und u. a. auch Ratgeber-Artikel für Eltern veröffentlicht – arbeitete, stellte sich plötzlich und gänzlich unerwartet heraus, dass ich noch einmal schwanger war. Und das ausgerechnet, als ich – um Redaktionsluft zu schnuppern – „als älteste Praktikantin aller Zeiten" ein Praktikum bei einer Jugendzeitschrift absolvierte.

Nach kurzem heftigem Schock meinerseits beschloss ich, mich mit dem Rest der Familie zu freuen. Zwar zogen leise Zweifel auf, ob ich auch mit drei Kindern noch die Zeit und die Kraft zum Schreiben haben würde, aber ich wollte es zumindest versuchen.

Alte Kontakte nutzen

Mittlerweile hatte ich ja – dank Kindergarten bzw. Schule – längst die Vormittage für mich, was nichts anderes hieß als schreiben, schreiben, schreiben. Nun aber würde wieder alles anders werden. Meine Energie war gerade während der Zeit der Schwangerschaft riesengroß, und so beschloss ich kurz vor dem errechneten Geburtstermin, einen Brief an den Leiter des allerersten von mir besuchten Kinderbuchautorenseminars zu schreiben, der im Sachbuchbereich eines großen Kinderbuchverlages arbeitete. Damals nämlich waren wir Jungautoren ermuntert worden, Rückmeldung zu geben, wenn es denn etwas geworden sein würde mit den so ersehnten Veröffentlichungen. Ich hielt den richtigen Zeitpunkt nun für gekommen, erzählte, welche Erfahrungen ich in den letzten Jahren gemacht hatte und schlug ein neues Buchprojekt im Sachbuchbereich vor.

Besinnen Sie sich auf alte Kontakte und versuchen Sie, diese zu nutzen, wenn Sie Erfolge vorzuweisen haben.

Ein neues großes Projekt

Bereits ins Krankenhaus – wenige Tage nach der Entbindung – brachte mir mein Mann den Antwortbrief mit. Er war kurz gehalten, signalisierte aber Interesse an einer Zusammenarbeit. Meine Unterlagen würden an die entsprechenden Redakteurinnen weitergeleitet. Etwa zwei Wochen später – ich war inzwischen zu Hause mit meinem nagelneuen Baby – erhielt ich Post von der Sachbuchredaktion. Mit dem von mir vorgeschlagenen Thema könne man sich nicht anfreunden, wohl aber habe man auf Grund meiner Schreiberfahrungen Interesse an einer Zusammenarbeit. Da ich ähnliche Verheißungen schon des Öfteren gehört hatte, war ich nicht allzu beeindruckt. Allerdings hieß es in dem Schreiben auch, man würde sich gerne mit mir auf der Buchmesse treffen, ich solle mich telefonisch melden. Da sich das nagelneue Baby glückseligerweise als äußerst unkompliziert erwies, konnte ich den Anruf recht schnell tätigen. Dass ich aus persönlichen Gründen nicht auf die Messe kommen könne, sagte ich, und dass ich mich über das Interesse sehr freue, mich aber über einen Auftrag im Kindersachbuchbereich noch mehr freuen würde. Wenige Tage später war er da, der Auftrag. Sogar ein recht dicker. In Form einer telefonischen Anfrage seitens der besagten Redakteurin. Mitten in unserem Abtast-Gespräch fing das jüngste Mitglied der Familie unüberhörbar an zu krakeelen. „Der kann schon noch ein bisschen warten", wischte ich die Erschrockenheit der Redakteurin vom Tisch.

Was, noch ein so kleines Kind? Was, drei Kinder insgesamt? Ob ich mir da so ein großes Projekt zutraue? Ob ich nicht Angst hätte, dass mir alles zu viel würde?

Hatte ich bisher nicht gehabt. Aber nun befiel mich doch ein wenig Panik angesichts des kleinen Mannes und des großen Projekts. Ich erbat mir Bedenkzeit.

Wenn Sie sich in irgendeiner Hinsicht nicht ganz sicher sind, bitten Sie sich Bedenkzeit aus. Sie müssen am Telefon weder „schnell" einem Auftrag noch „schnell" einem Honorar zustimmen.

Vertragspflichten

Ausführlich besprach ich in den nächsten Tagen alles mit Frau Schneider. Diese war begeistert, hatte sie selbst in ihrer großen Hausbibliothek doch so einiges an Material, das mir für meine Recherche dienlich sein konnte. Ich begann mich sehr auf die Arbeit zu freuen, Frau Schneider sicherte mir wieder einmal ihre Unterstützung in punkto Kindbetreuung zu – aber irgendwie blieb in mir die Sorge: Wird mir mein Leben als Mutter eines Säuglings und zweier Schulkinder Zeit und Energie genug lassen? Werde ich termingerecht abgeben können? Werde ich das alles schaffen?

Immerhin würde ich mit meiner Unterschrift dafür bürgen, alles vertraglich Festgelegte einzuhalten. Und immerhin war es mir bisher ein tiefes inneres Bedürfnis gewesen, immer termingerecht abzuliefern. Zur Not auch mal mit Hilfe von Nachtschichten.

> Unterschreiben Sie nur, was Sie sich hundertprozentig zutrauen. Sie könnten sonst Schlaf, Nerven oder Ihren guten Ruf einbüßen.

Die Arbeit in Co-Autorenschaft

Plötzlich fiel mir die Möglichkeit der geteilten Arbeit ein. Ich schlug in einem weiteren Telefonat vor, das Buch in Co-Autorenschaft zu schreiben und verwies auf die bisher stets hervorragend klappende Zusammenarbeit mit Astrid Rösel. Ja, hieß es, ich könne ja mal nachfragen, ob bei dieser Zeit und Lust vorhanden seien.

Um es kurz zu machen: Meine Freundin und Kollegin erklärte sich bereit mitzuarbeiten und der Verlag akzeptierte die Zusammenarbeit.

Als das Baby sechs Wochen alt war, starb Frau Schneider. Dieser plötzliche Tod war ein entsetzlicher Schock für uns alle.

Doch irgendwie musste es weitergehen. Gemeinsam bastelten Astrid und ich an den geforderten Probetexten. Schließlich lieferten wir termingerecht ab und erhielten recht positive Reaktion. Wenig später schloss der Verlag mit jeder von uns einen Vertrag ab.

Und wiederum ein paar Tage später saß die Redakteurin gemeinsam mit Astrid Rösel und mir in meinem Wohnzimmer zu einem ersten großen Arbeitsgespräch. Netterweise war sie damit auf meine persönliche Situation – unmobil infolge Stillens – eingegangen.

Ab diesem Tag beschäftigte uns Autorinnen das Vorhaben mehr, als wir je zu fürchten gewagt hatten. Es gab Tage, an denen ich verzagte und befürchtete, nie fertig zu werden. Es gab Tage, an denen ich jubilierte und mich freute, ein so interessantes und anspruchsvolles Projekt – trotz Baby – zu bewältigen. Es gab auch Tage, an denen ich mit Baby an der Brust einhändig in den Computer hämmerte.

Nie aber gab es einen Tag, an dem ich bedauerte, die Co-Autorenschaft eingegangen zu sein. Die Zusammenarbeit ließ sich – wie in der Vergangenheit auch – durchweg positiv an. Und außerdem hätte ich die viele Arbeit alleine schlicht nicht geschafft.

Wenn Sie glauben, ein Projekt besser in Co-Autorenschaft als im Alleingang bewältigen zu können, und wenn Sie zudem eine/n Partner/in haben, auf den/die Sie sich verlassen können, dann tun Sie es. Das Honorar teilt sich dann zwar durch zwei, aber eben auch die Arbeit.

Frau Schneider fehlte mir sehr – in vielerlei Hinsicht: als Textkritikerin, als Kinderbetreuerin, als Mutmacherin und nicht zuletzt als Seelenverwandte und enge Freundin.

Liebenswürdigerweise hatte mir ihr bereits erwachsener Enkelsohn etliche der Bücher und Zeitschriften, die er von ihr geerbt hatte, für die gesamte Dauer des Projektes zur Verfügung gestellt. So war Frau Schneider doch immer irgendwie dabei.

Aus Kurzgeschichte wird Kinderroman

Während wir noch mit diesem aufwändigen Projekt beschäftigt waren, brannte ich nach wie vor danach, endlich einmal etwas Größeres im erzählenden Kinderbuchbereich auf die Beine zu stellen. Ich hatte vor einiger Zeit eine in meinen Augen sehr witzige Kurzgeschichte produziert und diese unter anderem an die ehemalige junge Verlagsgründerin, die inzwischen bei einem Kinderbuchverlag als Lektorin arbeitete, geschickt. Diese hatte mich ermuntert, hatte in bewährter Weise konstruktive Kritik geübt und hatte mich wieder einmal hochgradig motiviert. Nur dass es diesmal zu einem guten Ende kam. Aus der Kurzgeschichte entwickelte sich in einem steten Gedankenaustausch ein Kinderroman, der schließlich das Licht der Öffentlichkeit erblickte.

Was lange währt, wird endlich gut. Auch im x-ten Anlauf kann es klappen.

Die Arbeit – parallel zum großen Sachbuchprojekt – machte mir allergrößten Spaß. Ich konnte das Schreiben kaum mehr lassen und marschierte einmal sogar mit Laptop ins Wartezimmer eines Arztes, um auch dort jede Minute zu nutzen.

So gut ich in dieser Zeit mit meinen Arbeiten voran kam, so anstrengend wurde das Leben mit dem jüngsten Mann am Platz. Er entwickelte sich zum energiegeladenen Wildfang und strapazierte meine Nerven. Andernteils – und das muss ich einfach zugeben – lieferte er mir unzählige Ideen.

Und so beschloss ich, ihm ein Denkmal im neuen Kinderroman zu setzen: Die Hauptfigur erhielt seinen Namen.

Doch da hatte ich die Rechnung ohne den Verlag gemacht. Meine Ideen schätzte man, den Roman akzeptierte man, aber der Name, nein, mit dem konnte das Buch nun wirklich nicht erscheinen. Zähneknirschend stimmte ich der Änderung zu und gab meinem PC den Auftrag „Basti" durch „Lukas" zu ersetzen. Brav tat dieser wie geheißen, und dann entdeckte ich in letzter Minute die einzige Stelle, in der meine Hauptfigur mit dem vollen Namen angesprochen wurde. „SeLukasan" stand da, und das hätte sich wohl nicht ganz so gut im fertigen Buch gemacht.

Als ich gerade mitten in der Arbeit an diesem Kinderroman war, passierte mir eine kleine – aus Autorinnensicht gesehen sogar eine große – Katastrophe. Ich hatte den halben Tag am Buch gearbeitet und ging abends todmüde zu Bett. Im Einschlafen noch beschäftigte mich der Fortgang der Geschichte, und plötzlich kam mir eine Idee, von der ich geradezu entzückt war. Glücklich über diesen tollen Einfall, der mein Buch enorm weiterbringen würde, schlief ich ein. Als ich am nächsten Morgen erwachte, war sogleich die Erinnerung an die Superidee vom Vorabend wieder da, nicht aber die Idee selbst. Ich wusste noch genau, dass sie grandios gewesen war, aber ich wusste nicht mehr, was da so grandios gewesen war. Untröstlich verbrachte ich den Großteil des Tages mit Grübeln. Meine gute Laune war dahin, meine Kreativität zunächst auch. Nur am Rande bemerkt: Ich habe mich auch am nächsten Tag nicht mehr an die Idee erinnert, bis heute habe ich keine Ahnung, welch außergewöhnlichen Gedanken mein Hirn da

produziert hatte. Meine persönliche Moral von der Geschicht:
Immer Stift und Papier im Nachtkästchen! Möglichst nie aus
dem Haus ohne Schreibzeug!

- Rechnen Sie zu jeder möglichen oder unmöglichen Situation
  mit guten Ideen.
- Seien Sie deshalb allzeit bereit, Stichpunkte zu notieren.
- Wenn Sie selbst gerade nicht können – zum Beispiel weil Sie
  am Steuer sitzen – lassen Sie Ihren Beifahrer notieren. Oder
  halten Sie an.

Ein Auftritt im Fernsehen

Eines Tages erhielt ich dann wieder einen Anruf. Das Fernsehen! Man habe mein Buch „Heiteres Überlebenstraining für
Tolpatsche" in Händen, plane gerade eine Talkshow zum Thema und sähe mich dort gerne als Gast, quasi als Fachfrau für
Missgeschicke. Man zahle mir die Reise nach Hamburg und die
Übernachtung im Promi-Hotel ... Selbstverständlich erhielte ich
auch ein kleines Honorar für meinen Auftritt.

Ich zögerte. Ich dachte an den enormen Werbewert des Fern-
sehens. Ich dachte an das Baby, das ich noch immer stillte. Ich
dachte an meine anderen beiden Kinder, die zum fraglichen
Zeitpunkt Ferien haben würden. Ich dachte an eine mögliche
Blamage meinerseits. Womöglich fiele ich vor laufender Kamera über meine eigenen Füße, was dem Unterhaltungswert der
Show, nicht aber meinem Selbstbewusstsein zugute kommen
würde. Ich dachte und dachte und sprach mit meiner Nachbarin. Ja, sie käme gerne mit. Ja, sie passe während der Aufzeichnung gerne auf mein Baby auf. Wir könnten es uns doch so
richtig schön dort machen, ganz egal, wie die Sendung würde.

Na also! Alle Bedenken zur Seite räumend, rief ich zurück und
erwähnte etwas von einem Baby, einer sittwilligen Nachbarin,
deren zwei eigenen Kindern, meinen zwei weiteren Kindern ...

Zuletzt fuhren wir zu siebt (!) in einem gut gefüllten Zugabteil
gen Norden, hatten einen Heidenspaß bereits auf der Hinfahrt,
bummelten mit Buggy durch die Hansestadt und wurden

gegen Abend zum großen Ereignis via Van abgeholt. Im Sender begegnete man uns ausgesprochen nett, was mich angesichts unseres Personenaufkommens stark überraschte. Die vier großen Kinder durften – zum ersten Mal in ihrem Leben – der Aufzeichnung einer echten Fernseh-Talkshow beiwohnen. Das kleine Kind durfte – unter Obhut meiner Nachbarin – schlafen. Die wiederum durfte – im Gegensatz zu mir und den anderen Talkshow-Gästen – Sekt trinken. Ja, und ich, ich durfte warten.

Mit ungläubigem Entsetzen lauschte ich den Verlautbarungen meiner Vorredner, stellte fest, dass ich in dieser Runde eher wenig zu suchen hatte, fand aber den Absprung nicht mehr und landete schließlich als letzte von sieben Teilnehmern – ohne zu stolpern übrigens – auf dem letzten freien Stuhl. Die wenigen Minuten, die noch blieben, brachten mir zwar die Möglichkeit, mein Büchlein für Sekundenbruchteile in die Kamera zu halten, ansonsten aber keinerlei Gelegenheit, auch nur eine einzige witzige Stelle zum Besten zu geben, wie man es mir bei den Vorgesprächen zugesichert hatte.

Zunächst ärgerte ich mich. Als ich die Aufzeichnung sah, verwünschte ich meine Schminktechnik, zu der mir die beiden Maskenbildnerinnen vor dem Auftritt noch so sehr gratuliert hatten. Später erfuhr ich auch noch, dass die Umsatzsteigerung durch diesen meinen Auftritt eher geringfügig zu nennen war.

Und dennoch denke ich, denken wir alle noch heute gerne zurück. Es war ein Erlebnis. Nicht mehr und nicht weniger. Ach ja, und ein paar Prominente haben wir auch gesehen.

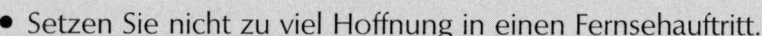

- Setzen Sie nicht zu viel Hoffnung in einen Fernsehauftritt.
- Überprüfen Sie genau, wofür Sie sich hergeben.
- Wenn Sie sich entschließen „aufzutreten", versuchen Sie aus Ihrem Auftritt etwas Positives werden zu lassen, unabhängig davon, wie toll, erfolgreich, karrierefördernd er wird.

Als mein Kinderroman auf dem Markt war, begann ich mit Lesungen vor Schulklassen, in Büchereien und Buchhandlungen und stellte fest, dass mein Stil bei den Kindern gut ankam.

Es war ein überwältigendes Gefühl, wenn die Kinder an genau den Stellen in lautes Lachen ausbrachen, die ich selbst beim Schreiben bereits für besonders gelungen gehalten hatte.

Lesungen

Lesungen sind zum einen ein hübsches, für manche Autoren ein überaus nötiges Zubrot.

Über das Lesehonorar hinaus sind Lesungen natürlich auch Werbemaßnahmen.

Und darüber hinaus sind sie einfach eine Möglichkeit, mit der Zielgruppe ins Gespräch zu kommen.

Ich habe in den letzten Jahren unzählige Lesungen vor unzähligen Kindern gehalten und bin in den allermeisten Fällen erschöpft, aber beglückt nach ein bis mehreren Stunden von dannen gezogen.

Hinterher gab es meist schöne Zeitungsartikel, manchmal auch Briefe oder E-Mails von Kindern und Eltern.

Eine zentrale Rolle spielt hier der Friedrich-Bödecker-Kreis, der es sich zur Aufgabe gemacht hat, Lesungen von Kinderbuchautoren zu fördern.

Näheres erfahren Sie unter

www.boedecker-kreis.de

und im jeweils aktuellen Autorenverzeichnis ebendieses Kreises, das Sie bestellen können über

Bundesverband der Friedrich-Bödecker-Kreise e. V.
Fischtorplatz 23
55116 Mainz
Telefon: 06131/28890-23
Telefax: 06131/230333
E-Mail: *Guenter.Bergmann@Boedecker-Kreis.de*

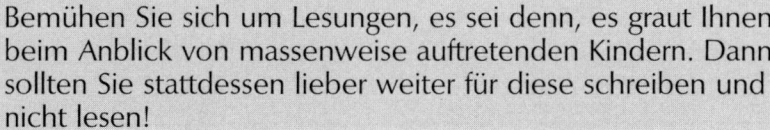

Bemühen Sie sich um Lesungen, es sei denn, es graut Ihnen beim Anblick von massenweise auftretenden Kindern. Dann sollten Sie stattdessen lieber weiter für diese schreiben und nicht lesen!

➜ *Nicht nur die Verkaufszahlen zählen*

Insgesamt gesehen, verkaufte sich dieser erste Kinderroman von mir zwar lange nicht so gut, wie erhofft, dennoch brachte er für mich viele positive Rückmeldungen.

Und weitere Projekte.

Endlich hatte ich nämlich ein „richtiges" erzählendes Kinderbuch vorzuweisen.

Ich stellte – wie immer zunächst telefonisch – weitere Kontakte her und schickte den Roman gemeinsam mit Vita und Veröffentlichungsliste an ein paar interessierte Verlage. Nicht nur einmal passierte es mir in der nächsten Zeit, dass ich einen Anruf bekam. Einen Anruf, der sich auf diesen meinen Roman bezog. Nicht nur einmal war die Begeisterung groß, nicht nur einmal teilte man mir mit, sehr an einer Zusammenarbeit mit mir interessiert zu sein. Nicht nur einmal freute ich mich riesig.

Aus all diesen Kontakten ergaben sich weitere Projekte, die zum Teil wiederum weitere Projekte nach sich zogen. Meist waren es Kinderbücher –
einige Male im Erstleserbereich – die dabei entstanden. Manchmal aber setzte ich in Buchform fort, was ich in meinen mittlerweile unzähligen Zeitschriftenartikeln „geübt" hatte, humorvolles und informatives Schreiben für Erwachsene.

Die Devise vom gemäßigten (!) „Auf-die-Nerven-gehen" erwies sich auch in weiteren Jahren als die richtige.

> Nicht nur die Verkaufszahlen zählen. Manche Bücher öffnen auch neue Türen.

Rezensionen

Je mehr Bücher von mir auf dem Markt waren, umso mehr Rezensionen erhielt ich über die Verlage. Wie schön war es, mein Buch in genau der Kinderzeitschrift besprochen zu sehen, die einer meiner Söhne abonniert hatte und in der ich selbst jahrelang ergriffen die Besprechungen anderer Bücher studiert hatte.

Dieses und anderes durfte ich über mein Buch lesen:

„... Viele fantastische Einfälle ... verlocken zum Lesen."

„Das Buch greift in amüsanter Weise die Lebens- und Gedankenwelt der Kinder auf. Wenn sich Lukas plastisch die Redewendungen der Erwachsenen vorstellt, wirkt dies sehr witzig. ... Das Buch ist aus der Sicht des Kindes geschrieben. Da Fantasie eindeutig zugelassen wird, kann sich dies positiv auf das Selbstbewusstsein des jungen Lesers auswirken. ... Das Lesen der Geschichte macht Spaß und fördert die Lesefreude."

Das gefiel mir natürlich. Begierig stürzte ich mich auf die ersten Rezensionen, später wurde auch diese Lektüre Routine. Selbstverständlich interessiert es mich auch heute noch sehr, was andere über meine Werke denken, aber die Aufregung hat sich doch merklich abgekühlt. Leider auch die Euphorie nach einer außergewöhnlich guten Besprechung. Lobesworte, die mich vor zehn Jahren vor Erregung buchstäblich an die Decke hätten hüpfen lassen, hefte ich heute lächelnd ab. Selbst heftige Kritik beschleunigt meinen Herzschlag heute nur noch kurzzeitig.

> Nehmen Sie kritische Worte ernst, sich aber nicht allzu sehr zu Herzen.

➡ Honorarabrechnungen

Zu den eher erfreulichen, manchmal leider auch ernüchternden Elementen des Autorendaseins zählen die Honorarabrechnungen. Manche Verlage rechnen zweimal, manche nur einmal im Jahr ab. Und jedes Mal ist es wieder spannend:

✐ Wie oft bzw. selten hat sich mein Buch verkauft?

✐ Übersteigt der Erlös die Vorauszahlung, sprich: Gibt es noch mal Kohle?

✐ Wie viele Exemplare der ersten bzw. x-ten Auflage sind noch vorhanden?

Wildwest-Verlag · Binsendorfer Str. 27 · D-84644 Batzing · Tel.: 0783/4332-45

Frau
Lilo Schlempfer
Burgweg 3

D-76455 Murenberg

Batzing, 31.12.2002

Honorarabrechnung nach Verkauf
für den Zeitraum vom 31.12.2001 bis 31.12.2002

Autor: Schlempfer   Nr.: 006534
Titel: Das falsche Pferd

Anfangsbestand:	6.221	Ex.
Verkauf:	4.492	Ex.
Freistücke:	88	Ex.
Makulatur/Inventurausgleich:		Ex.
Ramsch:		Ex.
Zugänge:		Ex.

Endbestand:	1.641	Ex.

===

Verkauf	Ladenpreis €	Bemessungs- grundlage/€	Honorar in %	Stück- honorar/€	Betrag/€
4.492	14,80	13,83	4,00	0,55	2.470,60 €

	2.470,60 €
Ihr Anteil: 100 %	2.470,60 €

A. Summe Buchverkauf:	2.470,60 €
B. Summe Lizenzen/Nebenrechte:	0,00 €

Buchverkauf und Nebenrechte:	2.470,60 €
+ 7 % Mwst	0,00 €

	2.470,60 €
. / . Vorauszahlung	2.000,00 €
. / . Saldo	

Summe:	470,60 €

===

Beispiel für eine Honorarabrechnung

➡ Verramschen und makulieren

Tja, und wenn sich dann herausstellt, dass sich das Buch mäßig bis saumäßig verkauft hat, dann lässt sich eines nur noch für begrenzte Zeit aufhalten: das Ende des Buches.

Schnelllebigkeit des Buchgeschäfts, Titelflut, teure Lagerhaltung und noch etliches mehr bewirken, dass die meisten Bücher nach wenigen Jahren vom Markt genommen werden. Dies kann im Vertrag bereits folgendermaßen dokumentiert sein.

„... Kann das Werk keine wirtschaftlich vertretbaren Umsätze mehr erreichen (300 Ex. pro Jahr), so ist der Verlag berechtigt, die Restauflage zu verramschen oder ganz oder teilweise zu makulieren ..."

oder

„... Der Verlag kann das Werk verramschen, wenn der Verkauf in zwei aufeinander folgenden Kalenderjahren unter 1.000 Exemplaren pro Jahr gelegen hat ... Erweist sich auch ein Absatz zum Ramschpreis als nicht durchführbar, kann der Verlag die Restauflage makulieren ..."

Die Zahlen in diesen vertraglichen Vereinbarungen variieren, das Ergebnis ist meist dasselbe: Das Buch wird entweder verramscht, das heißt zum Billigpreis verschleudert oder es wird makuliert, das heißt eingestampft.

Normalerweise wird der Autor schriftlich informiert, wenn sein Buch in der einen oder anderen Form vom Markt genommen wird. Nicht nur mir selbst aber ist es schon passiert, dass ein Buch spurlos verschwunden war. Ohne Ankündigung war plötzlich kein Exemplar mehr weit und breit erhältlich. Und das beim eigenen Buch!

- Freuen Sie sich, wenn die Honorarabrechnung Ihnen sagt, dass sich Ihr Buch gut verkauft hat.

- Grämen Sie sich nicht, wenn Ihr mit so viel Herzblut geschriebenes Buch vom Markt verschwindet. Das ist nunmal normal.

Und immer wieder: Neue Projekte

Die beste Möglichkeit, mich von einem meiner Bücher zu verabschieden, war die Arbeit an einem neuen Projekt

Seit Jahren kann ich nun schon die immer wieder gestellte Frage „Schreibst du/Schreiben Sie gerade an einem Buch?" mit einem ehrlichen „Ja!" beantworten. Das ist gut, das tut gut. Nach vorne schauen, neue Ideen, neue Hoffnungen!

Ich habe mich in all den Jahren aber nie festgelegt. Ich habe weiterhin eine bunte Mischung aus Beschäftigungsbuch, Kinderroman, Elternratgeber, Erstlesebuch, Mini-Bilderbuch, Sachbuch, Geschichtenbuch ... produziert.

Die Ideen zu all diesen Werken kamen mal von mir, mal vom Verlag. Gegängelt fühlte ich mich selten. Selbst wenn von Verlagsseite gewisse Vorgaben inhaltlicher Art gemacht worden waren, löste gerade diese Vorgabe nicht selten ein wahres Inferno an Ideen aus.

Wenn mir eine Thematik aber nicht zusagte, verhehlte ich dies keinen Augenblick. Zu Pferde- oder Ballettbüchern zum Beispiel wäre mir wohl auch nach geraumer Grübelzeit nichts Passables eingefallen.

Beim Thema „Inline-Skaten" (siehe Exposé und Probekapitel auf den Seiten 27-28) verhielt sich dies ganz anders. Bereits am

Abend nach Verlagsanfrage saß ich in einem Schulkonzert meines Sohnes und – lauschte nicht verzückt den schönen Klängen, sondern notierte verschämt Ideen.

Was das besagte Projekt betrifft, ließ ich mich zur theoretischen (!) Fachfrau in punkto Inline-Skaten durch die bereits erwachsene Tochter von Bekannten ausbilden, die ein Ass auf vier Rollen ist. Zur Fachfrau – ebenfalls theoretisch (!) – in punkto Geigenspiel wiederum machte mich die Tochter anderer Bekannter, eine begnadete Geigenspielerin.

Beide erhielten im Buch eine Widmung, ebenso wie meine Kinder, die mir bei diesem Projekt in besonderem Maße Ideen geliefert hatten.

Ein Problem allerdings machte mir gerade bei diesem Buch schwer zu schaffen. Ich hatte zwar Ideen im Übermaß, ich hatte auch Lust zum Schreiben, aber mir gelang zunächst kein guter Anfang. Ich saß und schwitzte und verwarf und schrieb neu und sehnte mich danach, endlich mitten im Geschehen zu sein und loslegen zu können. Irgendwann war der Bann dann gebrochen, aber bis es so weit war, durchlitt ich regelrechte Qualen.

Wenn es nicht um erzählende Kinderbücher ging, habe ich des öfteren in Co-Autorenschaft gearbeitet. Immer mit der gleichen Co-Autorin und immer mit angenehmen Gefühlen.

Übrigens war es, was die Zeitschriften betraf, nicht bei den gelegentlichen Artikeln geblieben. In zwei Zeitschriften hatte ich für etliche Jahren eine feste Kolumne, die ich selbst aus Zeitgründen beenden musste. In beiden Fällen beteuerte man mir, es sei nicht einfach, eine adäquate Nachfolgerin zu finden. Dass mich dies gefreut hat, versteht sich von selbst.

Dieses regelmäßige Plaudern aus dem familiären Nähkästchen hatte mir all die Jahre nicht nur Freude und Befriedigung gebracht, sondern mich auch immer wieder aufgefangen, wenn sich eine Flaute an Aufträgen oder Ideen ankündigte. War wieder eine Glosse fortgefaxt, später dann gemailt, fühlte ich mich jedes Mal befriedigt und war bereit zu neuen Taten.

Ich muss allerdings zugeben, dass mich früher gewaltige Panik befallen hat, wenn mein Kopf nicht auf Kommando produzieren wollte. „Jetzt ist es aus", dachte ich dann, „jetzt fällt dir nichts mehr ein."

Heute wage ich festzustellen, dass mich die Muse noch immer zum richtigen Zeitpunkt geküsst hat. Meine persönliche Art, ein paar Projekte gleichzeitig zu beackern, hat das ihre dazu getan. So habe ich jetzt auch dann ein recht beruhigtes Gefühl, wenn gute Ideen zunächst ausbleiben. „Es wird schon wieder", denke ich, „es ist ja immer noch geworden."

- Lehnen Sie Vorgaben von Verlagsseite nicht von vorneherein als Gängelei ab, sondern nutzen Sie sie als Inspiration.

- Wenn Sie aber sicher sind, dass Sie mit einer Thematik nichts anfangen können, dann lassen Sie dies den Verlag unmissverständlich wissen.

- Verzagen oder verkrampfen Sie nicht, wenn gute Ideen ausbleiben, sondern versuchen Sie, sich abzulenken oder zwischenzeitlich etwas anderes anzupacken.

Neue Themen durch neue Lebensumstände

So wie ich damals die Idee zu meiner allerersten Kindergeschichte dem drolligen Kinderspiel meines Erstgeborenen bei Freunden zu verdanken hatte, so haben neue Erfahrungen natürlich immer wieder neue Ideen ausgelöst. Mittlerweile befinden sich ebendieser Erstgeborene und sein nur wenig jüngerer Bruder schon eine geraume Zeit in dem, was man so schön „Pubertät" nennt. Wen könnte es da verwundern, dass ich die letzten Monate mal nicht mit einem Kinderbuch, sondern mit einem Buch über Pubertät beschäftigt war.

Kein Ratgeber übrigens, denn reine Ratgeber passen nicht zu mir. Ich käme mir allzu besserwisserisch vor, hätte das Gefühl, dem Leser weiszumachen: Ich weiß genau, wo es lang es geht. Man müsse nur ... und dürfe nicht ..., dann werde schon alles recht.

So bin ich nicht, und so will ich auch nicht schreiben.

Wie ich aber bin, was mir wichtig ist, das bemühe ich mich auch, in meinem Schreiben an den Leser zu bringen:

Ehrlich zu den eigenen Unzulänglichkeiten stehen, anderen vermitteln, dass trotz besten Bemühens in jedem Leben so einiges schief läuft, den Kopf nur kurzfristig hängen lassen, versuchen, auch scheinbar verfahrenen Situationen etwas – Komik oder Zugewinn an Erfahrung – abzugewinnen, sich selbst nicht zu ernst nehmen ...

- Nutzen Sie Ihre persönlichen Erfahrungen und Lebensumstände für Ihre Schreibprojekte, wenn sich die Gelegenheit ergibt.
- Bleiben Sie sich selbst treu.

 ### Was die Autorenarbeit erleichtert

Was ich mir mittlerweile nicht mehr vorstellen kann, ist eine Arbeit ohne PC. Dank Notebook schreibe ich zudem schon mal im Garten oder im Zugabteil. Die Möglichkeit, Texte auf Diskette oder per E-Mail zu versenden, empfinde ich als Vorteil.

Allerdings fällt es mir auch ausgesprochen schwer, ein paar andere Dinge aus meinem Autorinnenleben wegzudenken, die mir im Laufe der Zeit selbstverständlich geworden sind, als da sind:

- Anrufbeantworter,

- Faxgerät,

- Internet-Anschluss mit E-Mail-Adresse.

Auch dass ich auf mein eigenes kleines Arbeitszimmer nie mehr verzichten muss, wünsche ich mir sehnlichst. Nie wieder Arbeitsstöße vom und auf den Esstisch schleppen, nie wieder mitten in einem Projekt alles umräumen müssen! Platz für Fachliteratur und Nachschlagewerke! Rückzugsmöglichkeit, Freiraum zum Denken!

Ich behaupte selbstverständlich nicht, dass es ohne all diese Errungenschaften nichts werden kann mit dem Kinderbuchautorendasein, aber ich finde, sie machen es leichter und erfreulicher.

Zu **einer** Errungenschaft habe ich selbst es bis heute nicht gebracht, obwohl ich sie mir seit Jahren wünsche: persönliche Visitenkarten.

Oft, sehr oft, hätte ich eine von den kleinen Dingern schon brauchen können.

Nie werde ich vergessen, wie „professionell" ich das Problem der nicht vorhandenen Visitenkarten damals, am Anfang, auf meinem allerersten Messebesuch in Bologna löste: Ich lieh mir Visitenkarten meines Mannes aus, strich durch und ergänzte. Das sah einfach großartig aus, und ich nahm mir vor, nie wieder so laienhaft aufzutreten.

Doch bis heute habe ich es in diesem Punkt keinen Schritt weiter gebracht, einfach und alleine deswegen, weil ich den Anspruch zu hoch gesetzt habe. Automaten- oder Computer-Visitenkarten tat ich als zu unoriginell ab. Und für solche, die meinem Anspruch in punkto Originalität auch nur im mindesten genügt hätten, fehlte mir selbst die ultimativ-originelle Idee. Ein bisschen was Besonderes sollte es halt schon sein. Wer weiß, vielleicht wird es noch etwas. Vielleicht gerade dann, wenn kein Mensch mich mehr danach fragen wird. Geschadet hat mir und meinem Werdegang der Mangel vermutlich nicht, nützlich wären die Dinger aber doch gewesen. Und gefreut hätten sie mich auch.

- Gönnen Sie sich die Errungenschaften, die Ihnen persönlich gut tun.

- Zwingen Sie sich aber nicht zu modernem Equipment, wenn Sie es von innen heraus ablehnen.

Nachwort

Liebe Leserin, lieber Leser,

wenn Sie meinem Werdegang bis hierhin folgen konnten –
Respekt!

Es war doch ein rechter Wirrwarr, den ich Ihnen da zugemutet
habe. Aber genauso wirr verlief dieser mein Weg eben ein paar
Jahre lang. Nichts Geradliniges, nichts Eindeutiges gab es da.
Unzählige Haken habe ich geschlagen, von denen mich nur
manche näher an mein Ziel brachten. Als – wenn auch nicht
blinder, so doch reichlich übertriebener – Aktionismus mutet
so einiges an, was ich angezettelt habe. Rückblickend betrachtet.

Andernteils sind nun schon einige Jahre vergangen, in denen
ich nie mehr ohne Auftrag – und ohne Ideen war.

Noch etwas durchaus Erfreuliches habe ich nach mittlerweile
14 Jahren als freie Autorin zu vermelden:

Mit zunehmender Schreiberfahrung bedürfen meine Texte immer weniger der Überarbeitung. Sprich: Irgendwo in meinem
Kopf scheint sich da ein unermüdliches Etwas wohnlich eingerichtet zu haben, das dem allergrößten Mist schon im Ansatz
an die Gurgel geht.

Was selbstverständlich nicht heißt, dass es für Lektoren und
Korrektoren an meinen Texten nun gar nichts mehr zu tun gä-
be. Aber eben doch erheblich weniger als am Anfang meiner
„Laufbahn".

Manchmal gönne ich mir das zweifelhafte Vergnügen und
schmökere in meinen eigenen Werken aus der Anfangszeit.

Meine persönliche Bilanz aus dieser Reise in die textschaffende
Vergangenheit:

Manches ist mir heute schlicht peinlich, an vieles würde ich
gerne den Rotstift ansetzen, hinter einigem aber auch – und
das erfüllt mich mit bescheidener Freude – stehe ich heute
noch.

Ich selbst sehe es so, dass ich von der schreibenden Mutter zur Autorin mit Kindern wurde. Die anderen sehen das nicht immer so.

Gerade aus dem Bekanntenkreis bekomme ich noch heute zu hören: „Ein nettes Hobby hast du da."

Dass das Schreiben eine Arbeit ist – eine Arbeit, die ich zwar gerne und meist mit „Herzblut" tue, eine Arbeit aber auch, die ein hohes Maß an Selbstdisziplin, an Konzentration, an Durchhaltevermögen erfordert, in jedem Fall aber professionelle Arbeit – ist für viele nicht vorstellbar.

Dies hat mich manchmal gestört, das „nette Hobby" habe ich als Geringschätzung empfunden. Andernteils: Die Arbeit in kreativen, künstlerischen Bereichen unterliegt ja oft dieser Fehleinschätzung.

Eine Illustratorin hat sich einmal bei mir beschwert. „Viel Spaß beim Malen!", habe man ihr gewünscht und das habe sie gar nicht witzig gefunden. Kein Mensch käme schließlich auf die Idee, einem Arzt „Viel Spaß beim Heilen!" oder einem Juristen „Viel Spaß beim Rechtsprechen!" zu wünschen. Dem ist eigentlich nicht allzu viel hinzuzufügen.

Tja, liebe Leserin, lieber Leser, vielleicht, vermutlich sogar, gehen Sie selbst einen ganz anderen Weg als ich. Vielleicht aber auch, hoffentlich sogar, können Ihnen diese meine Erfahrungen dennoch helfen – auf Ihrem ganz persönlichen Weg. Für den ich Ihnen – wie schon eingangs gesagt – viel Glück wünsche.

Heidemarie Brosche

Übrigens würde ich mich über Rückmeldungen zu diesem Buch – selbstverständlich auch kritische – freuen. Gegebenenfalls könnten Sie einer neuen Auflage zugute kommen.

Wenn Sie mich also Ihre Meinung, Ihre Erfahrungen, Ihre Kritik wissen lassen möchten, dann tun Sie dies doch bitte per E-Mail an: *HeiBrosche@aol.com*

Anhang

Haupt- und Nebenwege –
Tipps für Kinderbuchautoren abseits der großen Verlagshäuser

Ein Beitrag von Iris Wolf, Eulenhof Verlag

Etwa 4.800 Novitäten bringt der deutschsprachige Kinder- und Jugendbuchmarkt jährlich hervor; ca. 46 Millionen Kinder- und Jugendbücher werden alljährlich in der Bundesrepublik Deutschland verkauft. Davon erscheint nur ein Teil in den großen und bekannten Verlagshäusern, auf die sich die Buchhandlungen bei ihrem Einkauf zunehmend beschränken. Damit konzentrieren sich auch die Umsätze auf eine relativ kleine Gruppe großer Verlage.

Der Buchhandel und damit die großen Verlage setzen vornehmlich aufs Vertraute und Bewährte, also auf bekannte Autoren, aktuelle Medienthemen und eingeführte Serien. Neue Autoren und neue Themen sind normalerweise bei den Marktführern schwer platzierbar.

Wer als Autor von Geschichten, Bildern und Melodien für Kinder hier keinen Platz findet, dem bieten sich drei alternative Möglichkeiten:

✐ die Zusammenarbeit mit einem Kleinverlag,

✐ die Gründung eines eigenen Verlages,

✐ die Veröffentlichung des Projektes in einem Zuschussverlag mit relativ hoher Eigenbeteiligung an den Veröffentlichungskosten.

Wer keine Zuschüsse – deren Verwendung seiner Kontrolle weitgehend entzogen ist – zahlen will und die Risiken und Mühen einer eigenen Verlagsgründung mit Recht scheut, sollte den Versuch starten, mit einem Kleinverlag ins Geschäft zu kommen. Dazu bedarf es einer gründlichen Vorbereitung und Prüfung.

- Was zeichnet einen professionellen Kleinverlag aus?

- Was kann ich in Sachen Verkauf und Marketing erwarten?

- Wie kann ich als Autor den richtigen Kleinverlag für mich finden?

- Wie kann ich Kontakt aufnehmen?

Auf diese Fragen gibt der folgende Exkurs Antworten.

Kleinverlage entstehen aus ganz konkreten Anlässen: Eine Mutter erzählt ihren Kindern Geschichten und wird ermutigt, diese zu veröffentlichen. Erzieherinnen vermissen ein Buch über Nacktschnecken – ein Händler für Kindergartenbedarf schreibt es. Oder auch aus theoretischen Überlegungen: Zwei Lehrerinnen vermissen gut erzählte Geschichten für Kinder auf CD und gründen einen Hörverlag – und betreiben dazu Marktforschung. Sie stellen fest: Der Markt für Hörbücher wächst. Anders der Autor von Esoterik-Büchern: Er ist daran interessiert, seine Botschaft für möglichst viele verschiedene Leser aufzubereiten und veröffentlicht daher in seinem kleinen Esoterik-Verlag ein Kinderbuch.

In allen Fällen stehen sich die Zielgruppe der Käufer/Leser und ihre Verleger recht nahe. Wenn sich zu dieser grundlegenden Nähe eine Serviceorientierung gesellt, kann ein professionell arbeitender Kleinverlag auf Dauer Erfolg haben. Denn ein Verlag ist ein Unternehmen, dass sich als Dienstleister für die Informations- und Unterhaltungsbedürfnisse bestimmter Zielgruppen versteht.

Das heißt: Ein Kleinverlag mit Kindertiteln im Programm ist ein Dienstleister, der für die Zielgruppen „Kinder" und „Erwachsene mit Kindern" in einem bestimmten Bereich tätig ist. Die Begrenzung kann entweder regional sein (zum Beispiel Kinderbücher auf plattdeutsch) oder thematisch (zum Beispiel ein Buch über Nacktschnecken). Der Vorteil des Kleinverlages liegt darin, dass er seine Zielgruppe/n gut und über persönliche Multiplikatoren erreichen kann und die Bedürfnisse seiner Kunden sehr gut kennt.

Das Bedürfnis der Menschen nach regionalen Bezügen wächst in Zeiten der Massenangebote. Menschen wollen in Kontakt mit anderen sein und sie wollen sich positiv mit etwas identifizieren. Sie wollen sich unterscheiden von anderen und gleichzeitig Mitglied einer Gruppe sein. Diesen Bedürfnissen tragen regionale Anbieter von Informationen und Kontakten Rechnung.

Dabei gelingt es heute aufgrund einer soliden Grundbildung und durch den Einsatz von Computern schon Laien, handwerklich gut gestaltete Produkte hervorzubringen. Für einen professionellen Verlag gilt: Er passt das Produkt den Erwartungen der Zielgruppe/n an und orientiert sich gleichzeitig an den Qualitätsstandards seiner Branche. Zum Beispiel erwarten Eltern häufig von einem Kinderbuch eine gute Papierqualität, eine haltbare Verarbeitung und ein ansprechendes Layout. Relativ schwierig zu erfüllen sind die Anforderungen an Papp-Bilderbücher, die daher in Kleinverlagen kaum erscheinen (Bissfestigkeit, unschädliche Farben etc.).

Um die Erwartungen von Buchhändlern zu erfüllen, ist die Einhaltung weiterer Branchenstandards wichtig: Vergabe einer ISBN-Nummer, Rabattregelung, Einbindung in Warenwirtschaftssysteme, regelmäßige, zuverlässige und umgehende Lieferung, Regelung von Remissionen, Bereitstellung von Werbematerial, Erscheinungstermine, ins-Regal-passende Formate und anderes mehr.

Kurz: Die Produkte eines professionellen Kleinverlages sollten sich äußerlich wie innerlich mit den Produkten großer Verlagshäuser messen lassen.

Als Autor wollen Sie, dass der Verlag für eine angemessene Verbreitung Ihres Werkes sorgt. Das tut der Kleinverlag, indem er:

a) Substanzen verwertet und

b) Produkte verkauft und

c) dadurch zu einem befriedigenden Betriebsergebnis kommt.

a) Substanzverwertung

Wie ein großer Verlag erwirbt der Kleinverlag vom Autor das Recht zur Veröffentlichung seiner Geschichte/Idee in allen Medien, als Veranstaltung (Lesung, Theater) und zur Verwendung als Werbefigur. Der Autor erhält je nach Vertragsgestaltung ein Grund- und ein Absatzhonorar, das je nach Medium (Buch, Zeitschrift, Tonträger, CD-ROM) unterschiedlich sein kann.

Je geschickter ein Verlag bei der Mehrfachverwertung einer Substanz ist, desto größer die Verbreitung der Ideen und desto höher die Einnahmen des Autors. Ein professionell arbeitender Verlag wird zu Beginn eine Kalkulation vornehmen, die Einnahmen aus

- dem Verkauf der selbst hergestellen Produkte,
- den Lizenzen (z.B. für Non-Books, Tonträger oder Werbefiguren),
- den Veranstaltungen,
- den Kooperationen,
- dem Anzeigenverkauf

berücksichtigt.

b) Produktverkauf:

Grundlegend für das Verkaufen von Medien in Deutschland sind zentrale Verzeichnisse wie das VLB (Verzeichnis Lieferbarer Bücher, *www.buchhandel.de*) oder das Musikverzeichnis *www.musicline.de*. Verlags-Maßnahme Nr. 1 ist daher, für eine Aufnahme in diese Verzeichnisse zu sorgen. Als Autor können Sie selbst unter *www.buchhandel.de* prüfen, ob Ihr Titel sachgerecht verzeichnet ist.

Der Buchhandel orientiert sich vor allem an den Datenbanken der beiden Zwischenhändler Koch/Neff und Libri. In diese Datenbanken finden aber nicht alle produzierten Titel Aufnahme, sondern nur nach wirtschaftlichen Maßstäben der Barsortimente ausgewählte. Hier Aufnahme zu finden, ist Verlags-Maßnahme Nr. 2. Denn auch Internet-Buchhändler wie Amazon.de oder Buch.de bedienen sich der Datenbanken der Barsortimente für ihr Angebot. Prüfen Sie ebenso wie bei Maßnahme Nr. 1 Ihre Einträge zum Beispiel unter *www.amazon.de* oder *www.libri.de.*

Maßnahme Nr. 3 beeinhaltet eine Vielzahl von Einzelmaßnahmen. Der regional arbeitende Kleinverlag im Bereich Kinderbuch hat für seinen Verkauf ein regionales Netz von Beziehungen aufgebaut zwischen:

- Menschen mit Kindern

- Erziehungsinstitutionen

- Bibliotheken

- (Buch)Händlern

- weiteren Verkaufsstellen (zum Beispiel Hotels, Firmen etc.)

- Journalisten

- Presse (Zeitungen, Zeitschriften), Rundfunk, TV

und verkauft seine Produkte

direkt

- bei Lesungen/Veranstaltungen

- über den Informations- und Bestellweg Internet

und über die Händler, mit denen feste Vereinbarungen bestehen

Es ist nicht leicht, aber auf die Dauer lohnend, die Buchhändler vor Ort für den direkten Einkauf regionaler Titel zu gewinnen. Hier kommt es entscheidend darauf an, dass die Titel den Buchhändlern bei der Profilierung ihres Angebotes helfen.

Die Kunden werden zum Kauf angeregt über:

- Veranstaltungen

- Presseberichte

- Werbemaßnahmen in regionalen Medien

- Produktpräsentation bei ausgewählten Händlern

Als Autor können Sie von einem Verlag erwarten, dass er sich in diesen Feldern von Verkauf und Marketing auskennt und souverän bewegt.

Wie finden Sie nun den richtigen Kleinverlag für Ihr Projekt?

Zunächst ist es sinnvoll, eine Projektbeschreibung anzufertigen, deren Umfang eine DIN A4-Seite nicht überschreiten sollte:

- ✐ Titel/Untertitel

- ✐ kurze Inhaltsangabe

- ✐ Zielgruppe/Bedürfnis

- ✐ ungefährer Umfangsangabe

- ✐ Verwertungsmöglichkeiten

Dazu fügen Sie ein Anschreiben bei, in dem Sie kurz den Nutzen Ihres Titels darstellen, eine Seite über sich selbst und einen Rückantwortbogen.

Dann recherchieren Sie, welche Verlage in Frage kommen. Das heißt, sie sehen beispielsweise im Verzeichnis lieferbarer Bücher (VLB) nach, welche Verlage bereits ähnliche Titel herausbringen. Oder Sie besuchen eine Buchmesse (Frankfurt, Leipzig) oder eine Buchausstellung (zum Beispiel Kölner Bücherherbst, Ulmer Herbstmesse, Münchner Bücherschau, Stuttgarter Buchwochen, KIBUM Oldenburg). Oder Sie arbeiten sich durch Bibliotheken und Buchhandlungen. In jedem Fall ist es natürlich aufwändiger, sich einen Überblick über die kleineren als über die bekannten großen Verlage zu verschaffen. Deshalb empfiehlt es sich, möglichst mehrere Quellen zu nutzen.

Die Adressen erhalten Sie für den Bereich Kinder- und Jugendmedien kompakt in KIM, dem aktuellen Verzeichnis deutschsprachiger Kinder- und Jugendmedienverlage, erschienen zur Frankfurter Buchmesse 2002 in der Neuland Verlagsgesellschaft (siehe Service-Teil S. 159). Anhand dieser Adressen können Sie von den interessant scheinenden Verlagen per Post oder e-Mail Prospekte anfordern, denen sie wiederum entnehmen können, wie groß das Programm der Verlage ist.

Richten Sie Ihr Anschreiben an mindestens zwanzig Verlage; und dort – da Sie es ja mit kleinen Unternehmen zu tun haben – direkt an den Geschäftsführer/Verlagsleiter. Durch den beigelegten Rückantwortbogen erleichtern Sie Ihrem Partner in spe die Reaktion.

Nach etwa vier Wochen sollte eine Reaktion erfolgt sein. Wenn gar keine Rückmeldung kommt, rufen Sie beherzt an und fragen Sie freundlich nach. Lassen Sie sich nicht durch die erste Absage aus dem Konzept bringen, sondern rufen Sie unbedingt mehrere Verlage an, um ein wahrheitsgemäßes Bild zu bekommen.

Wenn ein Kontakt zustande gekommen ist: Viel Glück! Prüfen Sie anhand der oben genannten Kriterien, wie professionell Ihr Verlagspartner arbeitet. Schätzen Sie mit ihm gemeinsam Chancen und Risiken des Projektes realistisch ein und vereinbaren Sie zum Beispiel unter welchen Bedingungen Lesungen veranstaltet werden. Erwarten Sie keine großen Einnahmen! Aber Sie werden die Gewissheit haben, mit einem Kleinverlag den berühmten Regenwurm zu unterstützen, der die Schicht der Leserinnen und Leser immer wieder neu anspricht, erweitert und umwandelt. Von dieser Basisarbeit profitiert die gesamte Gesellschaft. Und vom Spaß, den Sie wahrscheinlich bei solch einer Zusammenarbeit haben, profitieren Sie persönlich am meisten.

Wenn Sie sich mit dem Gedanken tragen und sich das Risiko und die Kompetenz zutrauen, selbst verlegerisch tätig zu werden, prüfen Sie anhand der oben genannten Kriterien, was Sie in den Bereichen Verkauf und Marketing selbst leisten können. Dazu kommen noch die hier ausgesparten Bereiche Lektorat, Herstellung, Lagerhaltung, Versand, kaufmännische Arbeiten. Bei allem Engagement muß die wirtschaftliche Grundlage stimmen. Eine Kalkulation mit Zielvorgabe und ehrlicher Kräftebestimmung ist die Basis jeglicher Verlagsarbeit. Nehmen Sie dafür eine Beratung in Anspruch. Für weiterführende Tipps sorgt der Arbeitskreis Kleinerer Verlage (AKV) im

Börsenverein des Deutschen Buchhandels e.V.
Großer Hirschgraben 17 /21
60311 Frankfurt / Main
Telefon 069/1306-0
www.buchhandel.de

Außerdem erhält man hier die Anschriftenliste der Landesverbände, die Berater für Verlagsgründungen vermitteln.

Interview mit der erfolgreichen Autorin Nina Schindler

Nina Schindler ist verheiratet, hat fünf Kinder und arbeitet seit gut zehn Jahren als freie Autorin und Übersetzerin. Mit ihren Büchern hatte sie auf Anhieb großen Erfolg bei diversen renommierten Kinderbuchverlagen, z. B. beim Bertelsmann Verlag, bei Arena und bei Gerstenberg.

Heidemarie Brosche:
Wie und wann ging es bei Ihnen los mit dem Schreiben?

Nina Schindler:
Ich habe immer gern geschrieben und als Schülerin für meine Aufsätze gute bis sehr gute Zensuren bekommen. Auch Literatur war immer schon meine Leidenschaft, aber eher passiv.

Dann begann ich das Lehrerstudium mit dem Schwerpunkt „Kinder- und Jugendliteratur". Ziemlich bald auch schon verfasste ich erste Rezensionen im Rahmen der GEW (= Gewerkschaft Erziehung und Wissenschaft). Mein Interesse an Kinder- und Jugendliteratur wurde immer größer, sodass ich dem „Roten Elefanten", dem „Arbeitskreis für Kinder- und Jugendliteratur" (AKJ) und anderen Vereinen beitrat, die sich mit der Förderung von KJL befassten. Jetzt erschienen auch die ersten Publikationen in Fachzeitschriften. Dies waren nun nicht mehr nur Rezensionen, sondern auch Überblicke über bestimmte Genres u. Ä.. Regelmäßig arbeitete ich an der Zeitschrift „Eselsohr" mit und verfasste Beiträge in anderen Fachorganen.

Heidemarie Brosche:
Wann und aus welchem Anlass fingen Sie so „richtig" an mit dem Schreiben?

Nina Schindler:
Nach 20 Jahren Lehrerei mit diesen ganzen Extra-Beschäftigungen wie Organisation von Tagungen, Seminaren, Workshops, Halten von Referaten und Beiträgen für den Funk und für Illustrierte (Brigitte, Young Miss) und Tageszeitungen hatte ich die Idee für ein Buch. Mittlerweile waren so viele schlechte über meinen Schreibtisch gewandert, dass ich wütend dachte: Das müsstest du doch auch können – und vielleicht sogar besser ...

Heidemarie Brosche:
Was war Ihre erste Veröffentlichung?

Nina Schindler:
„Input", 1992, eine Computer-Liebesgeschichte. Ich hatte 2/3 fertig und gab es meinem Ältesten, der damals 20 war, zu lesen. Mit klopfendem Herzen wartete ich auf sein Urteil. Das war ein knurriges „Wie geht's denn weiter? Würde ich gern wissen." Daraufhin hab ich es zu Ende geschrieben, einem Verlegerfreund angeboten und der hat es sofort genommen.

Heidemarie Brosche:
Was könnte man als ersten (großen) Erfolg bezeichnen?

Nina Schindler:
Erfolg ist schwierig zu beziffern oder zu definieren. Es gibt Erfolge bei Kritikern und es gibt Erfolge in Verkaufszahlen oder durch Einladungen zu Lesungen. Von den Verkaufzahlen ist mein „Mordsbuch. Alles über Krimis" ganz passabel. Ansonsten vielleicht „Geliebte Brieffeindin" (Bertelsmann, mit Rosie Rushton), denn das ging ganz gut als Hardcover in England und hier, geht noch besser als Taschenbuch in beiden Ländern und am besten in der dritten halb deutsch, halb englischen Ausgabe. Überrascht bin ich von dem Erfolg meiner Erstleserserie „Freda-Geschichten", die sehr gut ankommt.

Heidemarie Brosche:
Gab es eine Art „Meilenstein" in Ihrer Entwicklung zur Kinderbuchautorin?

Nina Schindler:
Meilenstein? Hm. Ich habe mehr als 20 Jahre lang meinen Kindern Unmassen von Büchern vorgelesen. Sogar jetzt lesen wir manchmal bei langweiligen, leisen Arbeiten wie Wändestreichen Bücher vor, nur sind es heute natürlich andere ... Meilensteine waren wohl auch immer Bücher, die sehr große Freude beim Lesen machten und den Wunsch weckten: Schön, wenn dir das auch gelänge ...

Ich habe ja immer auch übersetzt – inzwischen circa 80 Bücher – aber das mache ich jetzt nur noch bei Büchern, die ich erstens toll finde und zweitens nie selber schreiben würde, zum Beispiel Fantasy, andere Kulturen etc. Das Übersetzen hat meine Wahrnehmung für „meine" Themen sehr geschärft.

Vielleicht kann man es so sagen: Ich fand es sehr befriedigend und fröhlich, dass sich meine Bücher gut verkauften und dass viele Verlage Geschichten von mir wollten. An den 2. und 3. Auflagen sehe ich, dass es gut läuft und dass ich mir weiterhin Butter aufs Brötchen schmieren kann. Witzig finde ich die Rückmeldungen durch meine Kinder, die vielen Nichten und Neffen und FreundInnen meiner Kinder. Die nehme ich auch sehr ernst, genau wie bei Lesungen. Aber da hört man fast nur positive Kritik.

Heidemarie Brosche:
Wann und mit welchem Beweggrund machten Sie das Schreiben zum Hauptberuf?

Nina Schindler:
Ich hatte die Schule satt. Die Gesamtschule, für die ich mal angetreten war, war zu einer kaum noch erkennbaren Schulmissform zusammengeschrumpft, und ich wollte auch nicht mehr zwei Kopf größeren unverschämten Jungmännern so was wie Manieren beibringen, von Vokabeln oder Kommaregeln ganz zu schweigen. Ich glaube, bei jeder Arbeit mit lebendigen Menschen erreicht man eine Grenze, manche nennen das Burnout, für mich war es der Wunsch, andere Fähigkeiten zu erforschen und zu entwickeln, zumal ich ja schon mehr als zehn Jahre lang diese Dinge gemacht hatte – neben der Schule oder integriert. Meine Schüler mussten sich immer viel mit Literatur rumplagen ...

Heidemarie Brosche:
Wie kommen Sie auf Ihre Ideen?

Nina Schindler:

Jedes Buch ist eine Mischung aus Erlebtem, Beobachtetem und Phantasiertem. Die jeweiligen Anteile sind immer unterschiedlich, aber ETWAS von allen dreien ist immer drin. Bei mir überwiegt wohl meistens das Beobachtete. Mich reizen starke Gefühle, Humor und Alltag: Daraus Geschichten zu spinnen, macht Spaß und ist anstrengend, wie schon Karl Valentin richtig bemerkte: „Kunst ist schön, macht aber viel Arbeit." Ob es Kunst ist, weiß ich nicht, glaub ich nicht. Wenn aber Kinder mir schreiben, wie gut sie sich in den Geschichten aufgehoben fühlten, dann wärmt das sehr.

Heidemarie Brosche:

Können Sie heute sagen, wie Sie das Schreiben „gelernt" haben?

Nina Schindler:

Ich hatte einen hervorragenden Deutschunterricht, in dem man den richtigen Gebrauch der Adverbien noch gelernt hat, das Bauen von Sätzen und das Weglassen überflüssiger Schnörkel. Daran habe ich immer festgehalten und versuche, die Standards zu wahren. Die Auswüchse der falschen „Übersetzungen" wie: etwas „macht" Sinn o. Ä. und gedankenlose Verballhornungen oder die Verwendung von Infinitivkonstruktionen anstelle unserer wunderbaren zusammengesetzten Substantive machen mich wütend.

Heidemarie Brosche:

Welchen Rat würden Sie heute Menschen geben, die gerne Kinderbuchautor werden möchten?

Nina Schindler:

Mein Rat? Erwartet nicht, reich zu werden. Ihr braucht noch einen Broterwerbsberuf, daneben könnt ihr mit dem Schreiben loslegen und schauen, ob es klappt. Es hilft natürlich, wenn man sich auf dem Buchmarkt und bei den Verlagsprofilen auskennt, um zu wissen, wem man was anbietet.

Ansonsten: Sich umschauen und Menschen beobachten, in ihre Haut schlüpfen, und ihnen Erlebnisse, schließlich Schicksale andichten ... Wenn es dann gelingt, die Sprache dem Thema anzupassen und eine Einheit aus Inhalt und Form herzustellen, hat man was Tolles geschafft. Aber das ist selten, nicht mal Astrid Lindgren ist es in allen Büchern gelungen. Da unterscheidet sich KJL überhaupt nicht von Erwachsenenliteratur.

Mir wird zum Beispiel immer wieder – mal lobend, mal rügend – nachgesagt, ich würde Jugendslang oder -jargon verwenden. Das stimmt nicht. Ich sehe den Kindern und Jugendlichen schon aufs Maul und hör gut hin, aber meine Erzählsprache ist eine Kunstsprache, die ist NIE total O-Ton, denn das wäre keine lesbare Sprache. Selbst ein innerer Monolog, wie zum Beispiel bei Kirsten Boie in „Ich ganz cool", in gesprochener Sprache ist Kunstsprache. Sonst brauchte man ja nur Tonbänder zu transkribieren.

Aber eines stört mich bei Ihrer Frage. Warum unbedingt KINDERbuchautorin?

Ich finde die Eingrenzung a priori bedenklich. Ich schreibe für alle: Bilderbücher, Erstlesebücher, Kinderbücher, Jugendbücher, Krimis und gebe Bücher heraus oder texte Bildbände ...

Mein Tipp: Erst mal eine Geschichte ins Visier nehmen, planen, mit Fleisch füllen und aufschreiben. Gute Geschichten richten sich eigentlich an alle Altersstufen ... aber das ist die Ausnahme, klar.

Freie Lektorate

Wir bieten Ihnen an, Ihre/n Text/e per E-Mail einzusenden an:

astroesel@tiscali.de

Astrid Rösel, von der Sie ja bereits gehört haben, arbeitet selbst als Autorin, Lektorin und Leiterin von Literatur-Workshops. Sie hat sich bereit erklärt, den eingesandten Texten der Leser dieses Buches folgenden Service angedeihen zu lassen:

- ✐ kurze Stellungnahme hinsichtlich Veröffentlichungschancen,
- ✐ ausführlichere Stellungnahme,
- ✐ gründliches Lektorieren.

Selbstverständlich sind auch die Kapazitäten dieses Lektorat-Services begrenzt. Und selbstverständlich kann auch Frau Rösel nicht nur für Gottes Lohn arbeiten.

Aber:

- ✐ Sie erhalten in jedem Fall eine Rückmeldung hinsichtlich zu erwartender Bearbeitungsdauer.

Und:

- ✐ Sie erfahren im Voraus, welche Kosten auf Sie zukommen.

Auch diese Lektorinnen helfen Ihnen gerne – gegen Entgelt natürlich – weiter:

Ulrike Frühwald
Lektorat und Korrektorat
Birkenau 2
22087 Hamburg
Telefon: 040/22944610
Telefax: 040/22944611
E-Mail: *u.fruehwald@gmx.de*

Anja Lenze
Lektorat und Übersetzung
Stammstraße 82
50823 Köln
Telefon: 0221/5107001
Mobil: 0179/2077163
E-Mail: *mail@anjalenze.de*

Carola von Kessel
Kastanienburg 24c
47638 Straelen
Telefon: 02834/709741
Telefax: 02834/709742
E-Mail: *carola-von-kessel@t-online.de*

Ulrike Meiser
Mendlewitsch + Meiser
Am Heerdter Hof 13
40549 Düsseldorf
Telefon: 0211/5624164
Telefax: 0211/5624166
ISDN: 0211/5624168
E-Mail: *um@mendlewitsch-meiser.de*
www.mendlewitsch-meiser.de

Empfohlene Literatur ...
... für (werdende) Autoren:

Buchholz, Goetz:
Ratgeber Freie – Kunst und Medien. ver.di GmbH 2002.

Heinold, Wolfgang Ehrhardt:
Bücher und Büchermacher.
5. Aufl. Heidelberg: C.F. Müller 2001.

Itschert, Michael:
33 Tipps für Kleinverleger. 7. Aufl. St. Augustin: Gardez 2001.

Török, Imre:
VS-Handbuch – Ein Ratgeber. Steidl Verlag 1999.

Uschtrin, Sandra und Küspert, Michael J.:
Handbuch für Autorinnen und Autoren. Uschtrin Verlag 2001.

Blaubuch 2000. Arbeitskreis für Jugendliteratur e. V.,
zu bestellen über *www.jugendliteratur.org.*

Bücher und Buchhändler. 4. Aufl. Heidelberg: C.F. Müller 2001.

Kinder- und Jugendbuchverlage von A-Z,
Arbeitsgemeinschaft von Jugendbuchverlagen e. V. (avj),
zu bestellen über *www.avj-online.de.*

Kinder- und Jugendliteratur in Deutschland.
Arbeitskreis für Jugendliteratur e. V.,
zu bestellen über *www.jugendliteratur.org*

Verlagshandbuch Kinder- und Jugendmedien 2002.
Eulenhof Verlag, zu bestellen über *www.neuland.com.*

... und für solche, die noch ein wenig an Ihrem Schreiben feilen wollen:

Brande, Dorothea:
Schriftsteller werden. Autorenhaus-Verlag 2001

Frey, James N.:
Wie man einen verdammt guten Roman schreibt.
Emons Verlag 1998

Gesing, Fritz:
Kreativ schreiben. Handwerk und Techniken des Erzählens.
DuMont Verlag 1994

Highsmith, Patricia:
Suspense oder Wie man einen Thriller schreibt. Diogenes 1999

Vopel, Klaus W.:
Schreibwerkstatt: Eine Anleitung zum kreativen Schreiben für
Lehrer, Schüler und Autoren. Band 1 und 2. iskopress 2000
und 1998

Zeitschriften

Kunst & Kultur

Kunst & Kultur ist die Zeitschrift der ver.di, erscheint achtmal im Jahr, bringt kulturpolitische Berichte und Kommentare und hat einen Service-Teil mit Ausschreibungen und Kleinanzeigen.

Kunst & Kultur
Verlagsgesellschaft W. E. Weinmann mbH
Postfach 1207
70773 Filderstadt
Telefax: 0711/70015310
E-Mail: *service@verlag-weinmann.com*

BULLETIN Jugend & Literatur

BULLETIN Jugend & Literatur ist ein Monatsmagazin für Kinder- und Jugendmedien, Leseförderung und Lesekultur.

Inhalte:

Beiträge, Nachrichten und Kritiken zum gesamten Spektrum der Kinder- und Jugendmedien: Vom Pappbuch bis zur Jugendliteratur, vom künstlerischen Bilderbuch zum modernen Sachbuch, vom Bild- oder Tonträger bis zur Software

BULLETIN Jugend & Literatur
Neuland Verlagsgesellschaft mbH
Markt 24-26
21502 Geesthacht
Telefon: 04152/81342
Telefax: 04152/81343
E-Mail: *vertrieb@neuland.com*
www. neuland.com

ESELSOHR

ESELSOHR bespricht monatlich rund 50 Kinder- und Jugendmedien – mit wechselnden Schwerpunktthemen.

Inhalte:

Informationen und Meinungen rund ums Buch und andere Medien für Kinder und Jugendliche – ergänzt durch Autoren- und Verlagsporträts, Nachrichten und Hintergrundstories

ESELSOHR
Plöger Medien GmbH
Altes Schulhaus Gräfenhausen
76855 Annweiler
Telefon: 06346/963311
Telefax: 06346/963322
E-Mail: *Info@ESELSOHR-Online.de*
www.eselsohr-online.de

JuLit

JuLit, die Zeitschrift des Arbeitskreises für Jugendliteratur, erscheint vierteljährlich. Jedes Heft bietet einen Themenschwerpunkt zu Trends und Problemen der zeitgenössischen Kinder- und Jugendliteratur.

Inhalte:

Aufsätze, Referate, Bibliografien, Forschungsbeiträge, Rezensionen über Fachliteratur, Informationen über die Aktivitäten des Arbeitskreises für Jugendliteratur und seiner Mitgliedsverbände, internationale Entwicklungen und Ereignisse

JuLit
Arbeitkreis für Jugendliteratur e. V.
Doris Breitmoser
Metzstr. 14 c
81667 München
Telefon: 089/45808083
Telefax: 089/45808088
E-Mail: *breitmoser@jugendliteratur.org*
www.jugendliteratur.org

Beiträge Jugendliteratur und Medien

Beiträge Jugendliteratur und Medien, die Zeitschrift der Arbeitsgemeinschaft Jugendliteratur und Medien in der GEW, erscheint vierteljährlich. Zusätzlich zu den vier Heften pro Jahrgang gibt es in der Regel einmal im Jahr ein Beiheft.

Beiträge Jugendliteratur und Medien ist die älteste Zeitschrift über das Gebiet der Jugendlektüre im deutschsprachigen Raum.

Beiträge Jugendliteratur und Medien
Juventa Verlag GmbH
Ehretstr. 3
69469 Weinheim
Telefon: 06201/9020-12
Telefax: 06201/9020-13
E-Mail: *hopp@juventa.de*
www.juventa.de/index2.htm

1000 & 1 Buch

1000 & 1 Buch, das österreichische Magazin für Kinder- und Jugendliteratur, das von der AG Kinder- und Jugendliteratur herausgegeben wird, erscheint viermal jährlich.

Inhalte:

Fachbeiträge, Rezensionen, Entwicklungen und Forschungsergebnisse, Zeitschriftenschau, Berichte über Veranstaltungen, Hinweise auf wichtige Termine und Informationen über wichtige Auszeichnungen

Redaktion 1000 & 1 Buch
Int. Institut für Jugendliteratur und Leseforschung
Mayerhofgasse 6
A – 1040 Wien
Telefax: 0043/1/5050359
E-Mail: *barbara.mladek@jugendliteratur.net*

IJB-Report

IJB-Report, die „Hauszeitschrift" der Internationalen Jugendbibliothek, erscheint zweimal jährlich.

Inhalte:

Aufsätze und Nachrichten über die Bibliothek und die internationale Kinder- und Jugendliteratur

Internationale Jugendbibliothek
Schloß Blutenburg
81247 München
Telefon: 089/891211-0
Telefax: 089/8117553
www.ijb.de

Bitten Sie bei den Zeitschriften, die Sie interessieren, um
Zusendung eines Probeheftes und machen Sie sich so Ihr
ganz persönliches Bild, ob und welche Zeitschrift Ihnen
weiterhelfen kann.

Fortbildungsveranstaltungen

Eine Seminarreihe liegt mir ganz besonders am Herzen:
Das Seminar für (angehende) Kinderbuchautoren
„Erfolgreich Kinderbücher schreiben".
Die Idee zu dieser Fortbildung ist während der Arbeit an diesem Buch entstanden.

Hier erfahren Sie

✎ wie der Buchmarkt funktioniert und welche Veröffentlichungsmöglichkeiten für Ihre Ideen in Frage kommen.

✎ wie Sie Verlage ansprechen und wie Sie mit Zu- und Absagen umgehen.

✎ wie andere Ihre Idee einschätzen und welche Netzwerke Sie für Ihre Arbeit nutzen können.

Die Fortbildung wird vom renommierten Eulenhof-Verlag organisiert, der über eine mehr als zwanzigjährige Erfahrung mit Spezialseminaren für die Verlagsbranche verfügt. Iris Wolf vom Eulenhof-Verlag wird das Seminar moderieren und dafür sorgen, dass die Teilnehmer das Gehörte verarbeiten und eigene Maßnahmenpläne erarbeiten können. Sie war mehrere Jahre Herausgeberin der Zeitschrift „BULLETIN Jugend & Literatur". Ich selbst werde die Referentin dieses Seminars sein.

Nähere Informationen gibt's bei

Iris Wolf
Eulenhof Verlag Ehrhardt Heinold
Appener Weg 3b
20251 Hamburg
Telefon: 040/490005-12
E-Mail: *iris.wolf@eulenhof.de*

Hier einige Adressen von Institutionen, die Fortbildungsveranstaltungen anbieten und bei denen man sich von Zeit zu Zeit schlau machen kann.

Akademie des Deutschen Buchhandels

Die Akademie des Deutschen Buchhandels bietet hin und wieder eine Veranstaltung rund um das Thema „Kinderbuch" an.

Informationen unter

Akademie des Deutschen Buchhandels
Salvatorplatz 1
80333 München
Telefon: 089/291953-0
Telefax: 089/291953-69
www.buchakademie.de

Arbeitskreis für Jugendliteratur e. V.

Der AKJ veranstaltet unter anderem immer wieder mal Seminare für alle, die sich beruflich mit Kinder- und Jugendliteratur beschäftigen.

Informationen unter

Arbeitskreis für Jugendliteratur e. V.
Metzstr. 14 c
81667 München
Telefon: 089/458080-6
Telefax: 089/458080-88
www.jugendliteratur.org

STUBE

Einen regelrechten Fernkurs „Kinder- und Jugendliteratur" bietet die STUBE (Studien- und Beratungsstelle für Kinder- und Jugendliteratur) in Wien alle paar Jahre an. Näheres unter

STUBE
A – 1010 Wien
Bräunerstr. 3/8
Telefon: 0043(0)1/5155237-84
Telefax: 0043(0)1/5155237-87
E-Mail: *stube@stube.at*
www.stube.at

Jede Menge Hinweise auf Fortbildungsveranstaltungen finden sich auf folgender Website

www.uschtrin.de/aus_fort.html

Die Akademie Remscheid für musische Bildung und Medienerziehung e. V. bietet verschiedene Fortbildungsveranstaltungen an, gelegentlich auch rund um das Thema „Jugendliteratur"

www.akademieremscheid.de

Die Bundesakademie für kulturelle Bildung Wolfenbüttel bietet eine Reihe von Veranstaltungen – Tagungen und Literaturwerkstätten – für Autoren

www.bundesakademie.de

Manchmal gibt es auch „fortbildende" Veranstaltungen in der Internationalen Jugendbibliothek in München

www.ijb.de

Fortbildungsprogramme für Journalistinnen und Journalisten gibt es unter

www.journalistenakademie.de/seminar/prog2003.pdf

Hinweise auf Fortbildungsveranstaltungen, Seminare und ähnliches kann man auch finden unter

www.autorinnen.de/kurs/index.html

Internetadressen ...
... rund um Kinder- und Jugendliteratur

Aktuelle Informationen aus dem Bereich Jugendliteratur

www.eulenhof.de

Website der Deutschen Akademie für Kinder- und Jugendliteratur

www.volkach.de/kultur/akademie.html

Schweizerisches Jugendschriftenwerk

www.sjw.ch

1000 und 1 Buch, das österreichische Magazin für Kinder- und Jugendliteratur

www.1001buch.at

Studien- und Beratungsstelle für Kinder- und Jugendliteratur

www.stube.at

Berner Jugendschriften-Kommission

www.bjk.ch

Informationen rund um die Internationale Jugendbibliothek

www.ijb.de

Geschichten von Kindern und für Kinder

www.kinderbuchforum.de

Übersicht über Institutionen und Vereinigungen rund um Kinder- und Jugendliteratur

www.goethe.de/os/hon/beijing/deins.htm

 **... rund ums Schreiben**

Eine Fülle von Informationen und Adressen

www.uschtrin.de/ai.html

Autorenservice, Schreibkurse, Fortbildungsseminare, Lektorat, Verlag

www.literaturbuero.de

Informationen für Freiberufler

www.mediafon.net

Website des Bundesverbandes junger Autoren

www.bvja-online.de

Informationen des VS (Verband deutscher Schriftsteller)

www.igmedien.de/fg/vs/

Website des freien deutschen Autorenverbandes

www.fda.de

Anthologien mit Geschichten aus dem Web

www.web-site-verlag.de

Autoren veröffentlichen im Internet
www.autorenweb.de

Möglichkeit zur Veröffentlichung von Kurzgeschichten und Gedichten, Schreibwettbewerbe
www.literature.de

Möglichkeit zur Veröffentlichung von eigenen Texten für (Nachwuchs-)Autoren
www.ricks.de

Zeitschrift für Schreibgruppen und Schreibinteressierte mit Printausgabe
www.wortspiegel.de

Zeitschrift für Autoren
www.federwelt.de

Literarischer Treffpunkt im Internet
www.literaturcafe.de

Literaturtipps, Rezensionen, Autoreninterviews
www.literaturschock.de

Unter anderem ein Autorentreff
www.kolibri-view.de

Selbsthilfe für Autoren
www.autoren.ch

Möglichkeiten für Autoren, ihre Werke zu veröffentlichen

www.schreibzimmer.de

Informationsportal für Autoren

www.autorenforum.de

Literatur- und Autorenförderung mit Projekten und Veranstaltungen

www.wlb.de

Website des Literaturbüro NRW

www.literaturbuero-nrw.de

Romanautoren präsentieren Verlagen und Lektoren Arbeitsproben

www.romansuche.de

Literaturhaus im Internet

www.literaturhaus.de

Eine Literatursuchmaschine

www.leselupe.de

Jahresschrift für Literatur und Grafik

www.muschelhaufen.de

Fachmedium für professionelles Schreiben

www.writingbusiness.de

Literatur-Forum für Frauen
www.autorinnenforum.de

Die Top 100 Literaturseiten im Netz
www.literatur100.de

Sonstige Internetadressen

Website der Stiftung Lesen
www.stiftunglesen.de

Rezensionsdatenbank
www.biblio.at/rezensionen

Website der Verlage
www.mountmedia.de

Wichtige Adressen

Verwertungsgesellschaft in Deutschland:

Verwertungsgesellschaft Wort
Goethestraße 49
80336 München
Telefon: 089/51412-24
Telefax: 089/51412-79
www.vgwort.de

Verwertungsgesellschaft in Österreich:

Literatur-Mechana Wahrnehmungsgesellschaft für
Urheberrechte GmbH
Linke Wienzeile
1060 Wien
Telefon: 01/5872161
Telefax: 02/58721619

Verwertungsgesellschaft in der Schweiz:

ProLitteris
Universitätsstraße 96
Postfach
8033 Zürich
Telefon: 01/3681515
Telefax: 01/3681568
E-Mail: *@prolitteris.ch*

Künstlersozialkasse (KSK):

Künstlersozialkasse
Langeoogstraße 12
26384 Wilhelmshaven
Telefon: 04421/3080
www.kuenstlersozialkasse.de
E-Mail: *auskunft@kuenstlersozialkasse.de*

Verband deutscher Schriftsteller (VS):

Verband deutscher Schriftsteller
Potsdamer Platz 10
10785 Berlin
Telefon: 030/6956-2328
Telefax: 030/6956-3655
E-Mail: *vs@igmedien.de*

Wettbewerbe und Preise

Sämtliche angeführten Wettbewerbe und Ausschreibungen sind von mir – nach bestem Wissen und Gewissen – für angehende Kinderbuchautoren zusammengetragen, aber aus Platzgründen nicht näher beschrieben worden. Bei Interesse können Sie sich unter den angegebenen Adressen näher informieren.

Jede Menge Information rund ums Thema finden Sie auch in dem schon mehrfach erwähnten Büchlein „Kinder- und Jugendbuchverlage von A-Z" (siehe S. 159) und unter

ww.uschtrin.de/preise.html

Ein eigenes Buch zum Thema:

Tieger, Gerhild (Hg.): Literaturpreise und Autorenförderung. Autorenhaus-Verlag 2002

Laufend aktualisierte literarische Preise und Stipendien aus dem deutschsprachigen Raum gibt es unter

www.wienerzeitung.at/literatur

Aktuelle Ausschreibungen finden sich u. a. auch in der Zeitschrift „Kunst und Kultur" (siehe S. 160).

Autorenstipendium zur Förderung der Berliner Kinder- und Jugendliteratur

- richtet sich an berlinansässige Autoren oder Autoren mit berlinthematischen Arbeiten
- Info: Stiftung Preußische Seehandlung, Spandauer Damm 19, 14059 Berlin

Bad Wildbader Kinder- und Jugendliteraturpreis

✎ richtet sich an Autoren mit Arbeiten in gebundener Sprache

✎ Info: VHS Oberes Enztal, Calmbach, Hauptstraße 2,
75323 Bad Wildbadp   174

Buxtehuder Bulle

✎ richtet sich an Autoren von erzählenden Jugendbüchern

✎ Info: Stadt Buxtehude, Kulturabteilung, Stavenort 5,
21605 Buxtehude

Eulenspiegelpreis der Stadt Schöppenstedt

✎ richtet sich an Autoren von Bilderbüchern

✎ Info: Stadt Schöppenstedt, Die Stadtdirektorin,
Postfach 1145, 38166 Schöppenstedt

Evangelischer Buchpreis

✎ richtet sich an Autoren von in deutscher Sprache
erschienenen Büchern, auch Jugendbüchern

✎ Info: Deutscher Verband Evangelischer Büchereien,
Bürgerstraße 2 a, 37073 Göttingen

Großer Preis der Deutschen Akademie für Kinder- und Jugendliteratur e. V.

✎ wird vergeben für hervorragende Leistungen auf dem Gebiet
der Kinder- und Jugendliteratur

✎ Info: Deutsche Akademie für Kinder- und Jugendliteratur
e. V., Hauptstr. 42, 97332 Volkach

Peter-Härtling-Preis für Kinder- und Jugendliteratur der Stadt Weinheim

⊘ richtet sich an Autoren von noch unveröffentlichten Prosa-Manuskripten für ein Kinder- bzw. Jugendbuch

⊘ Info: Beltz & Gelberg, Postfach 100154, 69441 Weinheim

Hans-im-Glück-Preis

⊘ richtet sich an Autoren von sprachlich und formal anspruchsvollen Romanen oder Erzählungen für jugendliche Leser

⊘ Info: Der Magistrat der Stadt Limburg a. d. Lahn, - Kulturamt -, z. Hd. Frau Nicole Schultrich, Fischmarkt 21, 65549 Limburg a. d. Lahn, Telefon: 06431/2129-13, Telefax: 06431/2129-18, E-Mail: *Stadt-Limburg@region-online.de*, *www.limburg.de*

Harzburger Jugendliteraturpreis

⊘ Info: Stadt Bad Harzburg, Frau Möser, Postfach 1463, 38656 Bad Harzburg

Gustav-Heinemann-Friedenspreis für Kinder- und Jugendbücher

⊘ richtet sich an Autoren von Kinder- oder Jugendbüchern, die zur Verbreitung des Friedensgedankens beitragen und der Friedenserziehung dienen

⊘ Info: Ministerium für Schule und Weiterbildung, Wissenschaft und Forschung des Landes NRW, Landeszentrale für politische Bildung, Ansprechpartnerin: Fr. Schneider-Yessat, 40190 Düsseldorf

Erich Kästner Kinder- und Jugendbuchpreis

- richtet sich an Autoren von hervorragenden unveröffentlichten Manuskripten
- Info: Atrium Verlag AG, Büro Hamburg, Poppenbütteler Chaussee 53, 22397 Hamburg

Katholischer Kinder- und Jugendbuchpreis

- richtet sich an Autoren von religiöser Kinder- und Jugendliteratur
- Info: Zentralstelle Medien der DBK, Kaiserstraße 163, 53113 Bonn

Kinder- und Jugendbuchpreis der Stadt Oldenburg

- richtet sich an Autoren und Illustratoren, die auf dem Gebiet der Kinder- und Jugendliteratur erstmals an die Öffentlichkeit treten
- Info: Jugendbibliothek der Stadt Oldenburg, Peterstraße 1, 26121 Oldenburg

Kinderbuchpreis der Ausländerbeauftragten des Senats von Berlin

- wird zu bestimmten Themen der Kinder- und Jugendliteratur vergeben
- Info: Ausländerbeauftragte des Senats von Berlin, Potsdamer Straße 65, 10785 Berlin

Astrid-Lindgren-Preis

- Preis des Friedrich Oetinger Verlages für das beste unveröffentlichte Kinderbuch-Manuskript in deutscher Sprache
- Info: Verlag Friedrich Oetinger, Poppenbütteler Chaussee 53, 22397 Hamburg

Das Rote Tuch

- wird für Werke verliehen, in denen antidemokratische oder neofaschistische Tendenzen in unserer Gesellschaft kritisch dargestellt werden
- Info: Wahlkreisbüro Siegrun Klemmer, MdB, Neidenburger Allee 4, 14055 Berlin

Schnabelsteher

- richtet sich an Autoren, deren Bücher außergewöhnich, kritisch, mutig und lustvoll sind
- Info: Buchfink, Bücher & Musikalien, Am Heiligen Kreuz 26, 29221 Celle

Die Silberne Feder

- richtet sich an Autoren, deren Bücher sich im weitesten Sinne und in beliebiger Form mit Gesundheitserziehung und Krankheitsbewältigung auseinandersetzen
- Info: Dr. Barbara v. Korff Schmising, Königstraße 56, 53115 Bonn, Telefon: 0228/327808, Telefax: 0228/2424549, E-Mail: *Bschmising@aol.com*

Stipendium Paul Maar

- richtet sich an Autoren der dramatischen Kinder- und Jugendliteratur
- Info: Kinder- und Jugendtheaterzentrum in der Bundesrepublik Deutschland, Schützenstraße 12, 60311 Frankfurt am Main, Telefon: 069/296661, Telefax: 069/292354, *E-Mail: Fangauf@kjtz.de*

Heinrich-Wolgast-Preis

- richtet sich an Autoren, deren Buch sich in beispielhafter Weise mit den Problemen der Arbeitswelt befasst
- Info: Jury-Vorsitzende Gudrun Stenzel, Auf der Hude 9, 21521 Wohltorf

→ Schreibübungen

Schreibübungen dieser Art haben mir gut getan. Vielleicht machen auch Sie mit ihrer Hilfe Fortschritte.

✐ Sehen Sie sich ein Bild in einem Bilderbuch genauer an. Wählen Sie eine unauffällige Figur aus und schreiben Sie deren Geschichte.

✐ Schreiben Sie eine Geschichte zu einem Kinder-Poster.

✐ Erzählen Sie eine Geschichte aus veränderter Perspektive. Lassen Sie also den Ich-Erzähler zur Nebenfigur, die Nebenfigur zum Ich-Erzähler werden.

✐ Schreiben Sie eine Geschichte, in der drei völlig unzusammenhängende Wörter vorkommen, zum Beispiel Handschuh, Krone, Taxifahrer.

✐ Schreiben Sie eine Geschichte zu einem vorgegebenen Szenario, zum Beispiel „Strand", „Stau", „Schlussverkauf".

✐ Schreiben Sie eine Geschichte rund um ein vorgegebenes Thema, zum Beispiel „Gespenst", „Fußball", „Weihnachten".

✐ Lassen Sie in die reale Welt ein fantastisches Wesen oder Element eindringen.

✐ Schreiben Sie eine Gute-Nacht-Geschichte.

✐ Schreiben Sie eine Trost-Geschichte.

✐ Schreiben Sie eine Geschichte über einen ungehorsamen Osterhasen, über einen ängstlichen Zauberer, einen frechen Engel, einen vergesslichen Räuber ...

✐ Schreiben Sie einen erzählenden Text zu einem Sachthema, zum Beispiel „angeln gehen".

✐ Schreiben Sie einen kindgemäßen Sachtext zu einem Thema, zum Beispiel Regenbogen, nachtaktive Tiere, Fahrzeuge, meine Heimatstadt ...

... für das Alter von 5-7

... für das Alter von 8-10

... für das Alter von 11-13

✐ Schreiben Sie den Anfang zu folgendem Textabschnitt:

... Aber dann ging es schon gut los. Nämlich gar nicht. Es geschah nichts. Am Montag nicht, am Dienstag nicht, am Mittwoch nicht, am Donnerstag auch nicht. Und gerade der Donnerstag war Michis Insgeheimtipp gewesen, wegen der Ladenöffnungszeiten und so. Aber Papa kam jedes Mal viel zu spät von der Arbeit. Da brauchte Michi ihn gar nicht mehr zu fragen. Er wäre ihm nur auf den Keks gegangen, wie Papa in solchen Fällen immer zu sagen pflegte. Und dann hätte er sich's womöglich anders überlegt. Man konnte ja nie wissen bei den Erwachsenen.

Na ja, so war das eben.

Aber am Freitag war endlich etwas los. Am Freitag empfing Mama Michi mittags schon mit Strahlemiene: „Der Papa hat angerufen. Er nimmt sich den Nachmittag frei wegen der Fahrradgeschichte." Als Papa dann endlich nach Hause kam, sagte er etwas, wofür Michi beim besten Willen kein Verständnis hatte.

„Da werde ich heute einen Nachmittag mit meinen beiden Kindern verbringen. Hat die Mama auch mal ihre Ruhe."

So kam es wortwörtlich aus seinem Mund.

Mit meinen beiden Kindern! Das war doch überhaupt nicht nötig. Warum nahm er denn die Claudia mit? Freiwillig! Die hatte ja noch nicht mal gequengelt.

„Wir zwei", hätte Michi am liebsten geschrien, „wir zwei, hast du gesagt."

Aber er ließ es lieber bleiben. Womöglich hieß es am Ende noch: „Du kannst ja dableiben, wenn's dir nicht passt. Ich brauche kein Fahrrad." Das hätte noch gefehlt. So trottete Michi hinter den beiden her zum Auto. Die Freude war ihm ganz schön vergangen. Kleine Schwester Claudia lächelte natürlich selig, als sie ins Auto stiegen.

Na ja, so war das eben.

Papa fuhr gut gelaunt in Richtung Fahrradgeschäft, parkte den Wagen und lief mit Claudia an der Hand vor Michi auf den Eingang zu.

„Das mit den günstigen Preisen!", „Viele Sonderangebote!", „Billig!" – so stand es ungefähr hundertmal an allen Schaufensterscheiben.

„Hoffentlich nicht nur billiger Schrott!", dachte Michi grimmig und machte sich auf weitere Tiefschläge gefasst.

Doch bevor er weitergrollen konnte, stürzte sich auch schon ein Verkäufer auf sie. Papa und Michi hatten noch kein Wort gesagt, da krähte Claudia laut heraus: „Der Mann hat eine Steckdosennase."

Michi schwankte, ob er sie nur angiften oder ihr gleich eine kleben sollte. Andernteils: Wieso eigentlich er? Er war heute ja gar nicht zuständig …

✎ Schreiben Sie nach diesen Worten weiter: „Jetzt erst recht", sagte …

✎ Schreiben Sie eine Geschichte zu folgendem Anfang:

Astrid Rösel: Besuch von Blondleisrosa

„Dabei war heute zuerst ein schöner Tag! Es regnete Wasserströme herab und wir drei rannten nachmittags zur Ganzgeheimhöhle.

Schnurzel hatte vormittags mit meinem Schirm gespielt, deshalb kam ich ziemlich nass an. Zum Glück war es Maria beim Laufen so warm geworden, dass sie im Hemd da sitzen wollte. Ich fragte, ob ich ihren Pullover anziehen durfte …"

✎ Schreiben Sie eine Geschichte zwischen dem vorgegebenen ersten und letzten Satz:

„Moritz starrte ungläubig auf den Brief.

…

Er würde es sich noch überlegen."

Stichwortverzeichnis

 # Und das sind die Menschen, die dieses Buch gemacht haben ...

Die Autorin

© Heidemarie Brosche

Heidemarie Brosche wurde 1955 in Neuburg an der Donau geboren. Nachdem sie mehrere Jahre als Lehrerin tätig war, beschloss sie 1988 Bücher für Kinder zu schreiben. Obwohl ihr Autorinnenweg sie – nach eigener Aussage – zunächst durch ein tiefes Tal der Enttäuschungen und Niederlagen führte, erschienen bis heute zahlreiche Bücher von ihr, vor allem für Kinder.

Zum Thema „Kinder- und Jugendliteratur im Deutschunterricht der Hauptschule" erhielt sie 1991 einen Lehrauftrag an der Universität München. In zwei der Zeitschriften, für die sie außerdem arbeitet, hatte sie jahrelang feste Kolumnen.

Heidemarie Brosche lebt mit ihrem Mann und ihren drei Söhnen in Friedberg bei Augsburg.

Der Illustrator

Detlef Kersten studierte Grafik-Design an der Hochschule für Bildende Künste in Berlin und Erziehungswissenschaft an der Fernuniversität Berlin. Von 1975 bis 2000 war er als Grafiker, Redakteur und Art Director beim Velber Verlag (veröffentlicht u. a. die Familienzeitschrift „Spielen + Lernen") tätig und arbeitet seitdem freiberuflich als Autor, Illustrator und Cartoonist.

Die Autorin eines Beitrags im Anhang dieses Buches

© Iris Wolf

Iris Wolf studierte Pädagogik, Medienwissenschaft und Skandinavistik. 1993 begann sie als Seminarleiterin in dem auf Verlage spezialisierten Eulenhof Institut zu arbeiten, von 1995 bis 1996 war sie als Personalentwicklerin in der Körber AG in Hamburg tätig. Danach leitete sie eine Zeit lang Computerkurse für Kinder am Computerpädagogischen Institut in Hamburg. Seit 1997 ist sie Verlags- und Anzeigenleiterin im Eulenhof Verlag, dort gibt sie u. a. die Fachzeitschrift BULLETIN Jugend & Literatur heraus und organisiert Buchhändlerseminare.

Der Verleger

© moses.

Und das ist Gerd Herterich – der Verleger des moses.-Verlags –
ohne den es dieses Buch und viele viele andere gar nicht
geben würde. Er ist in Buchhandlungen und Spielwaren-
geschäften, auf Messen, bei Lieferanten und Druckereien, in
Städten im In- und Ausland unterwegs, immer auf der Suche
nach neuen Ideen für schöne Bücher und außergewöhnliche
Spielwaren.

Die Lektorinnen

© moses.

Tanja Mues und Daniela Schönkes sind als Lektorinnen für das
moses.-Buchprogramm verantwortlich. Wenn Sie ein moses.-
Buch in der Hand halten, hat eine von beiden die Texte redi-
giert und mit den Autoren diskutiert, die Illustrationen ausge-
sucht, die Grafiker mit ihren Gestaltungsvorschlägen genervt,
die Druckerei geknebelt und und und ...

Die Grafikerin

© moses.

Anja Bauer hat mit viel Liebe und Fantasie Text und Illustrationen zu einem Buch werden lassen: Illustrationen gescannt, passende Schriften ausgewählt, die einzelnen Seiten und das
Cover gestaltet, geduldig die Korrektur- und Hinundherschiebe-
wünsche der Lektorin erfüllt. Ihre Spezialität ist es – trotz Zeit-
mangel – schöne Bücher zu machen.

ISBN 3-89777-063-6

365 EXPERIMENTE FÜR JEDEN TAG

Für den Frühling: Trockenes Wasser •
Regenbogen • Erbsenhüpfen
Für den Sommer: Der schwebende Hammer •
Die tanzende Kobra • Minitornado
Für den Herbst: Kartoffellabyrinth •
Geistertinte • Magisches Ei
Für den Winter: Eis ohne Kühlschrank •
Kaleidoskop • Münzautomat

moses.

ISBN 3-89777-113-6

ISBN 3-89777-070-9

ISBN 3-89777-105-5

ISBN 3-89777-106-3

ISBN 3-89777-071-7